Wege aus der Dunkelheit

„Angehörige um Suizid" (AGUS)
von Emmy Meixner-Wülker

Gewidmet meinen beiden Kindern
und meinen sechs Enkeln

Herzlich bedanke ich mich für die
intensive Unterstützung bei der
Entstehung und Ausarbeitung dieses
Buches bei Pfr. Gottfried Lindner und
meiner Tochter Irmgard Watzal

Herstellung und Verlag:
Books on Demand GmbH, Norderstadt,
Titelbild und Layout: Gottfried Lindner

ISBN 978-3-8370-1304-7

Inhaltsverzeichnis

	Vorwort Regierungspräsident Wenning	5
1.	**Begriff und Geschichte des Suizids**	7
	Suizid in der Frühzeit	7
	Christentum und Suizid - ein schwieriges Verhältnis	8
	Schandeaspekt	9
2.	**Lebensweg und Trauerarbeit der AGUS-Gründerin**	13
	Kindheit	13
	Ehe und Suizid	14
	Auseinandersetzung mit dem Suizid	16
	Schwierige Suche nach anderen Betroffenen	17
	Lernprozesse im Umgang mit Suizid	18
	Hürde 1 "Nicht mehr mit der Lüge leben"	19
	Hürde 2 Gemeinschaftsgefühl der Trauernden	19
3.	**Auf dem Weg zur Selbsthilfegruppe**	21
	Zum ersten Mal in der Öffentlichkeit	22
	Vorbereitungen für die Gruppengründung	22
	Ein Journalist hilft	23
4.	**Erste AGUS-Gruppe und ihre Arbeit**	24
	Erste Gruppensitzungen	24
	Homosexualität und Suizid	
	Hilfreiche Trauerrede	
	Gruppe begrenzen auf Suizidtrauer	
	Gefühl der Verbundenheit	
	"Alles getan und trotzdem"	
	Weinen dürfen	
	Erinnerungen fressen mich auf	
	„Ich wein' um dich - ich wein' um mich"	
	Unsensible Ärzte und Verwandte	
	Sie ahnte nicht, wie krank er wirklich war	
	"Keiner spricht mit mir"	
	Jugend und Suizid	27
	Arbeit der AGUS-Gruppe Bayreuth	29
	Beispiele der AGUS-Gruppenarbeit	30
	Begleiter der AGUS-Gruppe:	32
	Pfarrer und kirchliche Presse	32
	Die Kriminalpolizei kommt	34
	Ein Bestatter besucht uns	36
	Geselligkeit und Wanderungen	37

5.	**Medien unterstützen AGUS**	38
	Abendschau BR 3	39
	SAT 1 "Schreinemakers live"	40
	3-SAT "Diskussionsrunde"	41
	RTL "Ilona Christen"	41
	Übersicht Presseberichte, Rundfunk, Fernsehen	42
	SAT 1 "Frühstücksfernsehen	46
6.	**Deutschlandweite Kontakte und Gruppengründungen**	46
	Rufbereitschaft rund um die Uhr	47
	Hürde 3 Datenschutz	48
	Kontakte mit den neuen Bundesländern	48
	Versand von Infomaterial	49
	Anfragen von Vermittlern und professionellen Helfern	51
	Gruppengründungen in den ersten Jahren	51
7.	**Was Betroffene bewegt**	54
	Gefahr von Folge-Suiziden	54
	Wenn Angehörige nicht Abschied nehmen durften	55
	Umgang mit Kindern nach einem Suizid	56
	Probleme verstehen, die zum Suizid führen	57
	Trauerreden ohne Trost	58
	Condolationen ohne Hilfe	58
	Anklage Vertrauensbruch	58
	Suizid und Verbrechen	59
	Schreiben und Offenheit als Trauerbewältigung	59
	Jugendsuizid und die biologischen Ursachen	59
	Schuldzuweisungen	60
	Mit verletzten Äußerungen umgehen	61
	Warum hat er sich mir nicht anvertraut?	61
	"Ich bin mitschuldig am Suizid!"	62
	Einen Suizid ohne Depressionen gibt es nicht	62
	Vorurteile gegen Psychiatrie	63
	Suizid häufiger bei Männern	64
	Suizid und Schande	64
	Flucht aus der Wohnung	65
	Verleugnung des Suizids	65
	Zum Suizid erzogen?	66
	Suizidenten sind meist liebenswerte Menschen	66
	Hass und Wut auf den Suizidenten	67
	Suizid - ein normaler Tod	68
	Unwort "Selbstmord"	69

	Aus Briefen von Betroffenen	70
	"Keiner kann mich verstehen"	
	Suizid des Vaters vor 32 Jahren	
	Mauer des Schweigens	
	Ein Leben lang gezeichnet	
	Aufgewühlt durch die Gruppe	
	Seelenverwandtschaft	
	Gemieden wie bei einer ansteckenden Krankheit	
	Keine helfenden Tröster	
	Suche nach Verzeihung	
	Nie mehr wird es sein wie vorher	
	Erinnerungen fressen mich auf	
	AGUS hat Mut gemacht	
	Statistisches aus der AGUS	74
8.	**Öffentlichkeitsarbeit von AGUS**	78
	AGUS-Ausstellung	79
	Video-Kassette, AGUS-Buch, AGUS CD	80
	Ausschnitt einer Rundfunksendung	81
9.	**AGUS - Höhen und Tiefen**	83
	Verein AGUS e.V.	83
	Referenten in den Jahreshauptversammlungen	84
	Krisen während der Aufbauarbeit	86
	Aufbau eines AGUS-Büros	87
	Ehrungen	88
	Ehemann Rudolf	90
	Mein Rücktritt	92
	Ausblick	94
10.	**AGUS e.V. Bayreuth 2007**	97
	AGUS-Stiftung	99
	AGUS und die psychosoziale Szene,	100
	Grußwort Prof. Dr. Wolfersdorf	
11.	**AGUS-Ausstellung**	103
12.	**Anhang:** Motive von Emmy Meixner-Wülker	128
	Ausblick 2007	134
	Gedenkgottesdienst für Suizidverstorbene	135
	Umbettung von Dr. Reinhart Wülker	140
	80. Geburtstag von Emmy Meixner-Wülker	145

Vorwort von Regierungspräsident Wilhelm Wenning

In der Bundesrepublik Deutschland nehmen sich etwa 11.000 Kinder und Jugendliche, Frauen und Männer Jahr für Jahr durch Suizid das Leben, eine vermutlich hohe Dunkelziffer noch gar nicht mit eingerechnet. In der Altersgruppe der 15- bis 35-jährigen stellt der Suizid nach dem Unfalltod die zweithäufigste Todesursache dar. Es gibt kaum jemanden, der mit dem Thema Suizid nicht schon mittelbar oder unmittelbar in Berührung gekommen ist. Experten schätzen die Zahl der von Suizid im engeren und weiteren Umfeld Betroffenen auf rund 200.000 Menschen jährlich. Suizid ist also keineswegs ein Randgruppenproblem. Trotzdem ist Suizid in unserer scheinbar aufgeklärten Gesellschaft ein weitgehend der Sprachlosigkeit und dem Verdrängen preisgegebenes Tabuthema. Zurück bleiben die verzweifelten und hilflosen Angehörigen des Suizidenten, die aus einer chaotischen Gemengelage von Trauer, Wut, Anklage und Schuldgefühlen heraus auf ein Umfeld treffen, das mit ihrer schlagartig veränderten Lebenssituation weithin nicht umzugehen weiß. Die Folge ist eine "Mauer des Schweigens", die über Jahrhunderte hinweg bis in unsere Tage vielfach zur vollkommenen gesellschaftlichen Ausgrenzung und sogar Stigmatisierung der Angehörigen um Suizid geführt hat.

Es ist der herausragenden Initiative von Frau Emmy Meixner-Wülker zu verdanken, dass die "Mauer des Schweigens", das gesellschaftliche Tabu um den Suizid aufgebrochen worden ist. Die von ihr 1989 in Bayreuth aus eigener Betroffenheit gegründete Selbsthilfegruppe AGUS (Angehörige um Suizid) hat sich aus kleinsten Anfängen heraus zu einer Bewegung mit Gruppen in ganz Deutschland entwickelt. Mit unendlichem Zeitaufwand und unter erheblichen finanziellen Opfern hat sie Pionierarbeit geleistet und als erste überhaupt das Feld der Angehörigenarbeit bestellt. Den Hinterbliebenen in ihrer seelischen Not und Einsamkeit Beistand anzubieten, sie in den Gruppentreffs ebenfalls Betroffener aufzufangen, ihnen dadurch gegenseitige verständnisvolle Unterstützung zu ermöglichen - das sind die entscheidenden Ansatzpunkte in der AGUS-Selbsthilfearbeit, die bei allem fachlichen Know-how und Bemühen von selbst nicht betroffenen professionellen Helfern in dieser Weise nie hätte geleistet werden können. Wenngleich sich Frau Meixner-Wülker inzwischen aus der ersten Reihe des Vereinsgeschehens zurückgezogen und ihr Lebenswerk in vertraute

Hände gelegt hat, so wird die von Bayreuth ausgegangene segensreiche Arbeit für Angehörige um Suizid stets untrennbar mit ihrem Namen verbunden sein. Hochrangige staatliche Ehrungen wie z. B. der Bayerische Verdienstorden belegen, dass ihr Engagement auch die verdiente öffentliche Anerkennung gefunden hat. Darin eingeschlossen sind die vielen Frauen und Männer, die mit ihr zusammen in den AGUS-Gruppen über Jahre hinweg geduldige, zuverlässige und unermüdlich helfende Ansprechpartner und Begleiter für Menschen waren, die nach ihrer persönlichen Lebenskatastrophe den Weg zurück aus der Dunkelheit gesucht haben.

"Wege aus der Dunkelheit" - so auch der Titel des neuen Buches von Emmy Meixner-Wülker, in dem sie die über 15-jährige Geschichte von AGUS dokumentiert, ohne dem Anspruch einer wissenschaftlichen Abhandlung gerecht werden zu wollen. Vielmehr tut sie, was der Bayreuther Journalist und Bürgermeister Bernd Mayer einmal als Überschrift zu einem AGUS-Artikel gewählt hat: "Das Herz muss sprechen!". Idee und Beginn der unter Schmerz und Leid geborenen Initiative nehmen einen breiten Raum ein, um dem Leser zu verdeutlichen, welche Faktoren ausschlaggebend für deren Erfolg waren. Dabei werden auch zwei Vorträge mit aufgenommen, die als Buch und Broschüre bereits veröffentlicht waren, nun aber vergriffen sind. Dem Buch ist ein umfangreicher Anhang mit verschiedenen Medien und Texten angefügt, zudem ein Grußwort von Prof. Dr. Manfred Wolfersdorf, einem Mutmacher der frühen AGUS-Zeit. Beeindruckend, bisweilen bedrückend, aber unerlässlich sind die zahlreichen Erfahrungsberichte aus der täglichen Betreuungsarbeit, die es dem Leser nicht ersparen, seinen eigenen Standpunkt zum Thema zu hinterfragen.

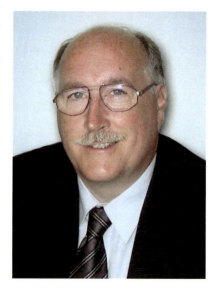

Ich wünsche den Lesern viel Gewinn bei der Lektüre dieses wertvollen Buches.

Wilhelm Wenning, Bayreuth,
Regierungspräsident
von Oberfranken

1. Begriff und Geschichte des Suizids

Zunächst möchte ich die verschiedenen Begriffe der Selbsttötung erläutern. Die gängigsten sind: Selbstmord, Suizid und Freitod. Ich benutze meist bewusst das Wort "Suizid". Es ist nicht so negativ besetzt wie die Bezeichnung „Selbstmord". Mord ist ein Straftatbestand und wirkt schon deshalb abschreckend und diskriminierend für den, der damit in Verbindung gebracht wird.

"Freitod" ist ein positiveres Wort. Aber ist der, der sich das Leben nimmt, wirklich so frei? Hat er immer edle Motive? Ein in der Diskussion über Suizid immer wieder auftauchender Name ist Jean Amery. Sein berühmtes Buch "Hand an sich legen" ist ein entschiedenes Plädoyer für die Freiheit zum eigenen Tod. Sein Diskurs über den Freitod darf nicht darüber hinwegtäuschen, dass er als KZ-Häftling auch noch im Alter unter der seelischen Belastung der NS-Zeit litt. Wirklich frei war sein später vollzogener Freitod meiner Ansicht nach nicht. Suizid, übersetzt "Selbsttötung", kommt aus der lateinischen Sprache und wurde 1650 erstmals gebraucht. Noch angemessener erscheint mir eine Erklärung, nach der das Wort "suicidere" aus dem Altvalonischen stammen soll und soviel wie "sich selbst verlassen" heißt oder "weggehen".

Die Kontroverse zwischen den Begriffen Freitod und Selbstmord hält bis heute an. Mit dem Wort "Selbstmord" ist eine Verurteilung als "Mörder" impliziert. Im Wort Freitod dagegen erklingt kein Richten, sondern ein Gewährenlassen. Beide Begriffe gehen von einer Selbstverantwortung beziehungsweise Täterschaft aus. Doch der Suizident ist Opfer. Erst wenn das erkannt wird, ist rechte Kommunikation und Hilfe möglich. Der suizidal Handelnde ist also weder "Selbst"-Mörder, noch ein "frei" über sein Leben Entscheidender, sondern er ist Opfer verminderter Freiheitsgrade der Lebensgestaltung.

Suizid in der Frühzeit

Zu allen Zeiten wurden die dem Menschen verbliebenen Freiheitsgrade sowohl idealisiert als auch unterschätzt, aber auch unterdrückt je nach gesellschaftlicher und politischer Einstellung und Absicht. Bei den Eskimos zum Beispiel galt Suizid als anerkannte und ehrenvolle Todesart, um Alter und Krankheit zuvorzukommen.

In der Gesellschaft konnte man keine arbeitsunfähigen und pflegebedürftigen Mitglieder gebrauchen. Ein ähnlicher Ritus lag zugrunde, wenn nächste Angehörige, Sklaven und Krieger ihrem Herrn und König in den

Tod folgten. Bis in dieses Jahrhundert wurde in Indien die Witwenverbrennung, ein suizidaler Akt, durchgeführt. Suizid, um die Ehre zu retten, dem Feind nicht in die Hände zu fallen, oder gar das Leben anderer zu retten, gilt heute noch als ehrenhaft. Im antiken Rom war der Suizid nur drei Gesellschaftsklassen nicht erlaubt: Kriminellen, Soldaten und Sklaven. Dahinter steckt offensichtlich der praktische und wirtschaftliche Aspekt: Arbeitskräfte sollten erhalten bleiben! Im antiken Griechenland wurde der Suizid erlaubt, man konnte ihn beim Senat anmelden und genehmigen lassen. Und bei den heidnischen Germanen wurde der Suizid für ehrenhafter gehalten als der natürliche Tod.

Christentum und Suizid - ein schwieriges Verhältnis

Ursache für die Ablehnung durch das Christentum war die hohe Zahl der zum Märtyrertod Entschlossenen, die die junge Christengemeinde empfindlich dezimierte. Im 6. Jahrhundert begann die christliche Verurteilung des Suizids. 1284 wurde sie festgeschrieben. Überlebenden von Suizidhandlungen drohte die grausam ausgeführte Todesstrafe.

Augustinus wendet im 4. und 5. Jahrhundert das Fünfte Gebot - "Du sollst nicht töten" - auch auf den Suizid an. Er rückt die Selbsttötung in die Kategorie der Feigheit vor den Herausforderungen des Lebens. Eine Reihe kirchlicher Synoden hat im Mittelalter diese Linie fortentwickelt und verstärkt. In Dantes (1265 bis 1321) "Göttlicher Komödie" finden wir den Selbstmörder in den Siebten Kreis der Hölle verbannt, wo er schlimmer als Ketzer und Mörder gepeinigt wird. Im 13. Jahrhundert formuliert Thomas von Aquin: Selbsttötung ist Mord! Die Betroffenen verfallen dem göttlichen Gericht. Suizid ist ein Verbrechen gegenüber der Gemeinschaft, Verweigerung des geschuldeten eigenen Beitrags. Suizid ist ein Verbrechen gegen die Verfügungsmacht Gottes, ein Akt der Undankbarkeit. Auch die Reformatoren blieben mit ihren Stellungnahmen zum Problem in der Tradition des Mittelalters. Luther sieht in den Gedanken an Suizid vor allem dämonische Kräfte am Werk.

Erst Friedrich der Große hat 1751 in Preußen alle Strafbestimmungen nach Suizidhandlungen aufgehoben. In England geschah dies erst vor etwa 30 Jahren. Doch die massive Verurteilung der Selbsttötung als "Selbstmord" zieht sich bis in unsere Zeit durch die Überlieferungen, sie prägte die kirchliche Lebenspraxis mit allerlei Kirchenstrafen bis zur Verweigerung kirchlicher Bestattung. Erst seit 1983 wird in der katholischen Kirche laut Codex Juris Canonici dem Suizidenten das Begräbnis nicht mehr verweigert.

In der evangelischen Kirche wurde dies ähnlich gehandhabt, obwohl ich eine genaue zeitliche Festlegung der Amtskirche nicht finden konnte. Es muss aber erwähnt werden, dass nicht wenige Pfarrer aus humanen Gründen Beerdigungen dennoch durchgeführt haben, bevor dieses unbarmherzige Kirchengesetz aufgehoben wurde.

Alvarez hat in seinem Buch "Der grausame Gott" aufgelistet, was alles mit Suizidenten geschah. Primitiver Abscheu vor dem Selbstmord entstand, weil er praktisch dem Mord gleichgesetzt wurde. Die Ansicht, "der Selbstmörder habe sich selbst zum Tode verurteilt", ließ es zu, dass seine Leiche bis ins 19. Jahrhundert geschändet wurde. Strafen waren: Galgenhängen oder vom Pferd an den Ort der Strafe und Schande schleifen. In Metz hatte man die Leiche in ein Fass gesteckt und den Rhein hinunter treiben lassen. In Danzig wurde ein Toter aus dem Fenster geworfen, anschließend die Rahmen verbrannt. Oder es wurde die selbstmörderische Hand abgeschlagen und gesondert vergraben. Man hatte Angst vor dem Ungeist, der vom Selbstmörder ausging, ja sogar größere Angst vor Selbstmördern als vor Vampiren und Hexen. Der Aberglaube wurde geschürt. Der Selbstmörder galt als genauso niedrig wie der gemeinste Verbrecher.

Schandeaspekt

Der Schande-Aspekt ist Folge dieser schroffen Verurteilung des Suizidenten. Bestraft und gebrandmarkt wurden dadurch aber vor allem die unschuldigen Angehörigen. Außerdem war der Suizid eine fundamentale Bedrohung der Besitzansprüche und Rechte von Oberherren und Herrschaften. Wurde der Besitz nach einem Suizid eingezogen, bedeutete das neben Trauer auch Verarmung.

Eine Betroffene erforschte diesen Schandeaspekt für ihre Wohnstadt Neustadt bei Coburg. In der Stadtgeschichte von 1651 bis 1911 fand sie folgendes Zitat: "Selbstmörder wurden nicht in der Reihe begraben, sondern durch das Armsünderthürlein, welches noch an der unteren Friedhofsmauer sichtbar ist, auf Schiebkarren an die Mauer gefahren und vom Karren aus in das Grab geworfen, denn der Totengräber gab kein Seil dazu her. Das geschah noch 1830. Der Sarg für einen Selbstmörder wurde der Reihe nach bei den Meistern bestellt, und alle hatten bei der Anfertigung zugegen zu sein, denn jeder musste wenigstens einen Schlag oder einen Hobelstoß daran tun. Außer dem Hauptor, welches 1908 unter Beibehaltung der alten Form erweitert wurde, damit der Leichenwagen durchfahren konnte, war noch ein kleineres Tor, durch welches die Selbstmörder gefahren wurden. Es wurde etwa 1840 zugemauert." Heute noch ist es sichtbar.

Henkertörchen am Stadtfriedhof Bayreuth: Dieses "Armsündertor" auf dem Stadtfriedhof in Bayreuth - sehr niedrig und zu ebener Erde, diente früher dazu, Verbrecher und "Selbstmörder" hindurch zu ziehen und am Rande der Mauer ohne kirchliche Weihe zu begraben. Später wurde es zugemauert. Es ist heute noch gut sichtbar. Es ist ein Relikt eines unwürdigen Verhaltens der christlichen Kirche. Die Verbrecher (Mörder), die auf dem Galgenfeld nebenan am Galgen starben, wurden den Suizidenten (Selbstmördern) gleichgesetzt.

Heute weiß man mehr über die Hintergründe zum Suizid und möchte, dass dieses Unrecht von Seiten der beiden Kirchen wieder gut gemacht wird. AGUS strebt eine Gedenktafel an der Friedhofsmauer an, die in erster Linie den Angehörigen von Suizidbetroffenen zum Trost gereichen soll und für die Aufhebung des Schandeaspektes eintritt.

Dietrich Bonhoeffer (Theologe 1906-1945, Tod im KZ) brachte allerdings einen neuen Aspekt in die Thematik. In der NS-Zeit verfolgt und ermordet, sah er in der Selbsttötung einen letzten verzweifelten Versuch des Menschen, seinem Leben einen Sinn zu geben, wenn das gelebte Leben sinnlos scheint. Er sprach von Ausnahmen, von Selbstopfer, vom bewussten Opfer des eigenen Lebens für andere Menschen. Ein Gefangener kann sich z. B. töten aus Furcht, unter Folterqualen andere Personen zu verraten.

Dietrich Bonhoeffer 1906-1945

Denken wir auch an Pater Maximilian Kolbe und viele andere, die nach dem Grundsatz handelten: "Ein Christ wird bei einer Schiffskatastrophe den letzten Platz in einem Rettungsboot einem anderen überlassen und mit dem sinkenden Schiff untergehen." Ich erinnere auch an Jochen Klepper (Journalist, Schriftsteller und Liederdichter 1903-1942), der mit seiner jüdischen Familie gemeinsam in den Tod ging. Oder: Wohin gehört Jan Palach (1948 - 1969) mit sei-

Schandaspekt

ner Selbstverbrennung in Prag? Oft ist es schwierig, politische Signalwirkung von anderen Motiven zu trennen. Von Bonhoeffer las ich auch, dass er sogar die Selbsttötung eines unheilbar Kranken als sittliches Opfer betrachtete, wenn dieser erkennt, dass seine Pflege den materiellen und seelischen Zusammenbruch seiner Familie zur Folge hat und durch seinen Entschluss die Seinen von der Last befreit werden. In den letzten Jahrzehnten sind die theologischen Ethiker von den traditionellen Fehlurteilen der Kirche abgerückt. In beiden Konfessionen gibt es ein neues Verständnis der Suizidproblematik. Man öffnet sich den Erkenntnissen von Psychologie und Medizin.

Im **"Neuen Glaubensbuch"** (1973) der katholischen Kirche wird der Begriff "Selbstmord" als unangemessen abgelehnt. Im **Katholischen Erwachsenenkatechismus**, Zweiter Band von 1995 zeigt sich eine weitere Entwicklung. *"Selbsttötung (lateinisch: suicidium) als Akt, durch den sich ein Mensch das Leben nimmt, gibt es bei allen Völkern und zu allen Zeiten. ... In der pastoralen Praxis wurde ... in früherer Zeit Menschen, die sich das Leben genommen hatten, die kirchliche Beisetzung verweigert. In das neue Rechtbuch ... ist diese Anordnung nicht mehr aufgenommen worden... In dieser Einstellung nimmt die Kirche die Ergebnisse der neueren Suizidforschung auf. Diese hat empirisch nachgewiesen, dass der Suizid oft am Ende einer Entwicklung steht, die mit einer starken Einengung der seelischen Selbststeuerung verbunden ist und Ausdruck einer unbewältigten Lebenskrise bzw. eines geminderten Selbstwertgefühls ist. Die meisten Menschen, die einen Suizid begehen, vollziehen darin nicht einen Akt der Freiheit, sondern sie befinden sich in einem außergewöhnlichen Zustand, in dem alles auf den Suizid hindrängt. Deshalb darf jemandem, der sich das Leben genommen oder den Versuch dazu unternommen hat, nicht von vornherein die volle Verantwortung für sein Tun zugeschrieben werden. Vielfach ist der Versuch der Selbsttötung ein Appell an die Mitwelt und ein verzweifelter Ruf nach Zuwendung durch die Mitmenschen."*

Papst Johannes Paul II hat am 12. März 2000 dieses Fehlverhalten der Kirchen in seinen Vergebungsbitten und im allgemeinen Schuldbekenntnis artikuliert: *"Herr Jesus Christus, du hast gesagt: "Selig die Trauernden; denn sie werden getröstet werden". Wir aber sorgen uns zu wenig um unsere bedrängten Mitmenschen und haben oft genug selber Leid und Trauer über andere gebracht... Manchen Christen wurde ungerechtfertigt der geistliche Beistand, die Sakramente oder ein kirchliches Begräbnis verweigert... Herr, wir bitten dich: Verzeihe uns, wenn wir den Trauernden und Traurigen zu wenig beigestanden sind. Stärke uns* in unserem Einsatz für Menschen mit Verlusterfahrungen und für die Verlierer unserer Gesellschaft." Der Bamberger **Erzbischof Ludwig Schick** hat im Jahre 2007 anlässlich des 1000-jährigen Jubiläums um Vergebung für Schuld und Versagen der Kirche bei Hexenverbrennungen und Judenverfolgung gebeten. AGUS wünscht sich eine ähnliche Stellungnahme für Suizidenten und ihre Angehörigen!

Ein Motiv aus der Kunstgeschichte (siehe rechtes Bild) demonstriert helfenden Trost.. Ich möchte es wie folgt deuten: In der Kathedrale von Vezelay in Burgund wird der erhängte Judas barmherzig getragen, so wie Jesus das verlorene Schaf nach Hause trug. Diese Darstellung in der berühmten Wallfahrtskirche war vor 1140 möglich! Warum nicht in späteren Jahrhunderten?

Es bleibt auch kein Geheimnis mehr, dass der Suizid selbst vor Pfarrern nicht Halt macht. Mir sind zwei Fälle von engagierten evangelischen Theologen bekannt. Einer von ihnen hatte zwei Jahre zuvor in einer hoch sensiblen Traueransprache für eine suizidierte Krankenschwester, Mutter zweier Kinder, von der Vorhölle, der Hölle auf Erden gesprochen und damit die Depression gemeint, der sie erlag. Sehr hilfreich für Betroffene ist auch ein Zitat des evangelischen Theologen Karl Barth: "*Wer will nun eigentlich wissen, dass Gott ein Leben, das ja ihm gehört, nicht auch einmal in dieser Form aus den Händen des Menschen zurückverlangen könnte?*"

Die moderne Suizidforschung hat nun gezeigt, dass die Komplexität dieses Phänomens eine schnelle Verurteilung verbietet. Der Psychiater **Professor Erwin Ringel** in Wien prägte den Begriff des präsuizidalen

Syndroms, der besagt: "Suizid ist der Abschluss einer krankhaften Entwicklung. Äußere Bedingungen können zum Auslöser werden."

Der historische Überblick macht deutlich, dass die Wurzeln für die Abwertung durch den schlimmen Begriff "Selbstmord" und die Verurteilung des Suizids in der Fehleinschätzung der christlichen Theologie liegt. Ob toleriert, idealisiert oder verteufelt, in jedem Fall schien man im Laufe der Jahrhunderte davon auszugehen, dass der Entschluss zum Suizid freier persönlicher Entscheidung folgt und durch Strafandrohung beeinflusst werden könne. Erst mit Einzug von Medizin, Psychologie, vor allem aber auch der Soziologie entfielen abwertende Vorurteile. Inzwischen gibt es eine Wissenschaft, die sich Suizidologie nennt, es gibt eine Krisenintervention für Suizidgefährdete und deren Angehörigen. Aber kümmerte sich auch jemand um die Zurückgebliebenen nach einem vollendeten Suizid? Den Toten trifft die Strafe nicht mehr, wohl aber und ganz allein die überlebenden Angehörigen.

2. Lebensweg und Trauerarbeit der AGUS-Gründerin

Meine Biographie teilt sich in zwei große Lebensabschnitte, in denen ich jeweils mit einem Tabuthema konfrontiert wurde. Zum einen meine Kindheit in der Nazizeit. Erfahrungen dazu habe ich in meinem Buch "Zwiespalt" niedergeschrieben. Damit verbunden war die Auseinandersetzung mit dem Tabu "NS-Zeit und ihre Verklärung".

Zum anderen meine Erfahrungen als Ehefrau eines Arztes, der sich das Leben nahm. Die tiefe Betroffenheit und das schwere Leid führten zum Aufbau der Hilfsorganisation für Angehörige nach einem Suizid. Damit begegnete ich dem Tabu-Thema Suizid und dem Unrecht, das Suizidopfern und ihren Angehörigen angetan wird. In meinem Leben erkenne ich die Herausforderung, tabuisiertes Unrecht zur Sprache zu bringen. Es lässt mich nicht schweigen!

Kindheit

Geboren wurde ich am 17. Juni 1927 in Eppstein im Taunus. Mein Vater Paul Schiemann war von Beruf Fotograf und stammte aus Essen. 1920 hat er Louise Kehm aus Eppstein geheiratet. Meine sieben Jahre ältere Schwester ist inzwischen verstorben.

Im Nationalsozialismus wurde mein Vater Regimegegner. Das hat meine Kindheit stark geprägt. Von 1937 bis 1940 geriet er wegen Vorbereitung zum Hochverrat in Haft. Kurz vor Kriegsende im Januar 1945 wurde er noch einmal verhaftet, diesmal wegen Führerbeleidigung und Wehrkraftzersetzung zusammen mit meiner Mutter. Im März 1945 wurden beide deportiert und vor den einrückenden Amerikanern nach Bayern verschleppt. Meine Mutter kehrte im Juni 1945 aus der Fronveste Amberg/Oberpfalz zurück. Mein Vater starb auf dem Weg nach Dachau im Zuchthaus Straubing im Mai 1945. Dort befindet sich auch sein Grab. Diese leidvolle Zeit ging an mir nicht spurlos vorüber. Näheres habe ich im bereits erwähnten Buch "Zwiespalt - Jugend zwischen NS-Erziehung und NS-Verfolgung" festgehalten.

Ich wurde 1933 in Eppstein eingeschult und lernte im Unterricht hauptsächlich die Nazi-Ideologie kennen. Das stand im Widerspruch zu dem, was ich in meinem Elternhaus kennen gelernt hatte. Meine Eltern waren aufrechte Demokraten. Das Wort "Demokratie" kannte ich damals nicht. Vertraut waren mir die Diktatur und die damit verbundene Unterordnung. Im "Zwiespalt" lebend habe ich mich an der Hilfsbereitschaft meiner Eltern orientiert. Es verkehrten Nazigegner und Zwangsarbeiter aus Polen und Russland in unserem Haus. Zum Beispiel kamen 1937 zwei Männer, die dem Widerstandskreis angehörten, aus der Untersuchungshaft frei, weil mein Vater sie entlastet hatte. Vor der Machtübernahme durch Hitler hatte ich erlebt, wie mein Vater Kriegerwitwen und -waisen ihre Rente verschaffte. Er selbst war als 19jähriger 1914 freiwillig in den Krieg gezogen und hatte die Schrecken bei Verdun und an der Somme kennen gelernt.

Die Erziehung meiner Eltern vermittelte mir das wichtige Urvertrauen für mein Leben. Mein Vater wurde mir noch mehr besonders nach seinem Tod zum Vorbild. Ich erfuhr, dass er sich, ungeachtet der eigenen Gefahr, schützend und verteidigend vor mitgefangene Kameraden gestellt hatte, besonders als Geiselerschießungen vorgenommen werden sollten, weil Gefangene aus dem Transport geflüchtet waren. Ich habe aus dem Verhalten meines Vaters gelernt, was wahrer Heldenmut ist und wie man sich für andere einsetzt.

Ehe und Suizid

Reinhart Wülker lernte ich während meiner Ausbildungszeit am Pädagogischen Institut in Weilburg an der Lahn kennen. Der Medizinstudent aus Frankfurt am Main stand auf einem Trümmerfeld in der zerbombten Stadt, wo er mit anderen jungen Männern die Trümmer wegräumte. Dies

Ehe und Suizid

imponierte mir. Er war als Marineleutnant verspätet aus Krieg und Gefangenschaft zurückgekehrt. Wie ich litt er sehr unter den grauenvollen Wahrheiten unserer deutschen Geschichte. Nach Hitlerdeutschland wollten wir uns für ein besseres Deutschland einsetzen. Als wir 1952 heirateten, war ich bereits in den Orten rund um Eppstein als Lehrerin tätig. Reinhart hatte gerade sein Staatsexamen als Arzt bestanden und die Approbation erworben. Mangels Geld wohnten wir in meinem Elternhaus bei meiner Mutter. 1953 kam unser Sohn Gerhard zur Welt, 1957 unsere Tochter Irmgard.

Assistentenstellen für junge Ärzte waren zur damaligen Zeit unbezahlt. Mein Mann aber wollte unbedingt für seine Familie selbst sorgen. Deshalb arbeitete er zunächst als wissenschaftlicher Mitarbeiter bei der pharmazeutischen Industrie, bei Hoffmann-La-Roche in Grenzach/Basel, danach bei Schering in Berlin. Er kam nur jedes zweite Wochenende nach Hause. Die Pflichtassistentenzeit konnte er schließlich in einem kleinen Krankenhaus in Bad Camberg im Taunus ableisten. Ich war sehr froh, dass er endlich in seinem erlernten Beruf arbeiten konnte. Nach einer weiteren Assistenzzeit im Raum Frankfurt zogen wir nach Bonn, weil er an der dortigen Universitätsklinik eine Ausbildung anstrebte. Dies waren gute drei Jahre mit Kollegen und Freunden.

Dann erfolgte 1962 die immer angestrebte Niederlassung als HNO-Facharzt in der kleinen Stadt Treuchtlingen in Mittelfranken. Es waren ihm auch Belegbetten im örtlichen Krankenhaus zugesagt worden, aber er geriet in schon bestehende Streitereien zwischen den dortigen Ärzten. Dabei ging es vor allem um die Verteilung der Pfründe. Mein Mann hatte sich vorher jahrelang über Gebühr angestrengt und kaum Erholungsphasen eingelegt. In seinem Urlaub machte er Praxisvertretungen, um für die Niederlassung fit genug zu sein. Die Praxiseröffnung war auf Juli 1962 festgelegt, der Umzug der Familie einige Tage später. In diesen wenigen Tagen brach bei Reinhart eine nie gekannte große Erschöpfung aus, die sich

Dr. Reinhart Wülker mit Emmy und den beiden Kindern im Jahre 1962

später als schwere Depression herausstellte. Total unfähig, als Arzt in der Praxis zu arbeiten, aus dem seelischen und körperlichen Gleichgewicht geworfen, wollte er seine Krankheit nicht wahrhaben. Weder er selbst noch die behandelnden Ärzte bekamen diese tückische Krankheit in den Griff. Die Medizin hatte noch nicht die Fortschritte von heute gemacht. Am meisten hat mich damals geschmerzt, dass ich ihm mit der Wiederaufnahme meiner Lehrtätigkeit an der Grundschule Treuchtlingen keinen Mut machen konnte. Er sagte nur: "Du bist so tüchtig, und ich bin ein Versager!" Durch einen folgenden Klinikaufenthalt - er, der Arzt als psychisch Kranker, und dies auch noch nach jahrelanger nationalsozialistischer Indoktrination! - fühlte er sich beruflich entwertet. So nahm er sich am 5.2.1963 abends durch eine Luftinjektion das Leben. Am nächsten Tag wurde er tot aufgefunden.

Nach dem Tod meines Ehemannes Reinhart Wülker hat mir eine Tante eine Spruchkarte geschickt, mit der ich damals nichts anfangen konnte. Erst jetzt, nachdem die Selbsthilfeorganisation um Suizid durch mich entstanden ist, wird mir der Sinn des Spruchs verständlich: *Was Gott dir schickt, ist wohl gemeint; Das nimm getrost entgegen! Nicht stets ist schlimm, was schlimm erscheint. Das Schlimmste oft ein Segen! Fr. W. Weber*

Auseinandersetzung mit dem Suizid
Mein erstes einschneidendes Erlebnis mit dem Suizid hatte ich in meiner Kindheit. 1942 hat sich in meiner Heimatgemeinde eine arische Frau von ihrem jüdischen Mann zwangsscheiden lassen und danach erhängt. Da mein Vater damals als Regimegegner selbst inhaftiert war, spürte ich Verfolgung und Einengung durch das Naziregime und verinnerlichte die Verzweiflungstat der Frau Johanna Bäck.

1963, gut zwanzig Jahre später, wurde ich dann selbst durch den Suizid meines Mannes zu einer direkt betroffenen Angehörigen. Auch bei ihm war die Verzweiflung das Motiv; es war kein "Freitod", sondern im Gegenteil eher ein "Zwangstod". Meine damalige Rat- und Hilflosigkeit, das Gefühl, ganz alleine dazustehen, Fragen über Fragen an Familie und Gesellschaft haben mich nie mehr ganz verlassen.

Es ist zuviel verlangt, dass der Mensch, der als Angehöriger einen Suizid zu verkraften hat, darin einen Sinn sieht. Aber nach vielen Jahren ist mir durch die Gründung der AGUS der Sinn aufgegangen. Warum hat mein Mann, der so hart gegen sich selbst und die ihn heimsuchende schwere Depression gekämpft hat, seinen Abschiedsbrief an mich und die Kinder offen auf den Tisch in seinem Arztzimmer, jedem zugänglich, auch der Kripo, hingelegt, ehe er sich das Leben nahm? Ich sah und sehe darin ein Zeichen, einen Auftrag, offen mit diesem Leid umzugehen. D.h., es nicht zu verschleiern, zu vertuschen und in einen Unglücksfall umzuwandeln. Vielmehr wollte ich die Wahrheit suchen, um dem Verzweifelten, der Hand an sich legte und dem zu Tode betrübten Angehörigen, der sich mit einem Schlag in Schande gestoßen fühlt, gerecht zu werden.

Schwierige Suche nach anderen Betroffenen

Auf der Suche nach einem anderen Betroffenen erlitt ich zunächst Schiffbruch. Ich las eine Zeitungsnotiz von einer Arztfrau mit Kindern in Bayern, der das gleiche Schicksal wie mir widerfahren war. Der Datenschutz hinderte mich damals daran, die Betroffene kennen zu lernen. Das große allgemeine Schweigen zu diesem Tabuthema erfasste nun auch mich. Meine Beobachtungen und Fragen gingen dahin: Warum lerne ich keine anderen Betroffenen kennen? Warum verschweigen und verschleiern Angehörige den Suizid? Warum bekennen sie sich nicht dazu, sondern deklarieren ihn als einen Unglücksfall? Was bewegt die vielen Betroffenen und was geht wirklich in ihnen vor?

Ich wollte den Suizid nicht in einen "Unglücksfall" verwandeln trotz des guten Rates eines Arztkollegen und Freundes meines Mannes, der mir davon abriet mit den Worten: "Was kann daraus werden? Denk an deine Kinder!" Ein einziges Mal habe ich aus einem großen Unsicherheitsgefühl heraus einem Gesprächspartner gegenüber bewusst gelogen. Aus einem plötzlichen Schamgefühl heraus gab ich vor, mein Mann sei an einem Herzinfarkt gestorben. Ich hatte bei diesem Menschen einfach kein Verständnis vorausgesetzt. Danach war ich wütend auf mich und entschlossen, fortan immer bei der Wahrheit zu bleiben. Ich ertrug das allgemeine Schweigen nur widerwillig und war mehr versteckten als offenen Anschuldigungen ausgesetzt. Meine Kinder belastete ich offensichtlich mehr, als für sie gut war. In einer zerstrittenen Verwandtschaft fühlte ich mich nicht aufgehoben. Das einzige, was mich trug, war mein Beruf als Lehrerin und die Fürsorge um meine Kinder.

Doch was mein Wissen um den Themenkreis Suizid anging, blieb vieles im Dunkeln. Wenig wusste ich über die Hintergründe, die zu einem

Suizid führten, über die Ächtung, die mit dem Wort "Selbstmord" zusammenhingen. Es fehlten mir Informationen aus den Gebieten der Medizin, der Theologie und Soziologie. In der Kleinstadt Treuchtlingen in Mittelfranken hatte ich wenig Gelegenheit, dieses Wissen zu erwerben. Literatur fand ich nicht. 1969 heiratete ich ein zweites Mal und zog mit meinen beiden Kindern nach Bayreuth um.

Meine eigene Betroffenheit und Trauer nach Suizid konnte ich nicht ablegen. Sie wurde sogar noch durch eine neue familiäre Trauer verstärkt. Das zeigte sich sechs Wochen nach meiner Zweitheirat. Mein 21-jähriger Stiefsohn kam bei einem Autounfall als Mitfahrer zu Tode. Er war total unschuldig und mein frisch angetrauter Ehemann legte als Jurist großen Wert darauf, dass dies auch in der Trauerrede ausgesprochen wurde. Mich bewegte nun aufs Neue die Problematik von Schuld und Unschuld, die bei einem Unfall geklärt werden kann, aber beim Suizid als Anklage im Raum stehen bleibt. Hatte ich mich mit dem "Warum" sieben Jahre seit dem schlimmen Geschehen herumgeschlagen, musste ich nun durch die Kontroversen in meiner zweiten Ehe tiefer in die Problematik einsteigen. Aber wie sollte das gehen, wenn die Problematik ein festes Tabu darstellt? Zunächst fand ich auch in Bayreuth keine Ansprechpartner, geschweige denn Betroffene, mit denen ich das gleiche oder ein ähnliches Schicksal teilen konnte.

Lernprozesse im Umgang mit Suizid

Nachdem ich aus meinem Beruf ausgeschieden war, konnte ich mich aktiver meinem Tabuthema widmen, das mich einfach nicht losließ. Die Auseinandersetzung mit dem Suizid meines Mannes löste viele Lernprozesse bei mir aus. Über verschiedene Einrichtungen kam ich schrittweise zum Kern meines Problemfeldes. Sie halfen mir, mit der Thematik Suizid offener umzugehen. Im Folgenden möchte ich einige dieser Stationen näher beschreiben.

Acht Jahre habe ich mich in Bayreuth bei der Telefonseelsorge engagiert. Dabei habe ich so gut wie nie bei den Meldungen von Not und Trauer etwas über den wahren Hintergrund von Selbsttötungen erfahren. Vordergründig wurden andere Symptome angegeben, meist psychosomatische Beschwerden. Nur selten deckten die Anrufer ihre quälende Suizid-Trauer um einen geliebten Toten auf. Woran lag es? An der kirchlichen Einrichtung der Telefonseelsorge? Glaubte man, eine "sündige" Tat in der Familie nicht ansprechen zu können? Zur Schuldfrage brach also damals schon der neue große Fragenkomplex um "Todsünde" und

"Sünde" auf und nach Recht und Strafe um den verheerenden Begriff "Selbstmord", der ja die lebenden Angehörigen mehr trifft als die Verstorbenen.

Hürde 1 „Nicht mehr mit der Lüge leben"

Die Sorge um das zeitweise erstarrte Klima in meiner neu gegründeten Familie, die Unsicherheit in der Erziehung meiner beiden Kinder brachte mich in die Sprechstunde des erfahrenen Psychotherapeuten **Dr. Alberts**. Ich wollte hauptsächlich wissen, ob ich mit der Erziehung meiner Kinder richtig lag. Sollte ich sie im Wissen um den Suizid ihres Vaters erziehen, oder sollte ich verschweigen, vertuschen, in einen Unglücksfall verwandeln, also tabuisieren, wie das damals gehandhabt wurde? Wer will denn schon einen "Selbstmörder" in der Familie haben? Im Gespräch mit Dr. Alberts wurde mir klar, wie wichtig meine Gefühle gewesen waren, als ich einmal den Suizid meines Mannes als Herzinfarkt deklarierte. Das war nun der Beginn zur Umsetzung meiner Idee. Ich wollte nicht mit der Lüge leben, sondern immer für die Wahrheit in diesem so belasteten Themenkomplex einstehen. Mit dieser Einsicht war die erste Hürde genommen.

Hürde 2* Gemeinschaftsgefühl der Trauernden

Diese Einstellung wurde gestärkt durch eine Tagung bei der Deutschen Gesellschaft für Suizidprävention (DGS). Dort kamen Fachleute, wie Psychologen, Psychiater, Sozialarbeiter und Telefonseelsorger zusammen und sprachen frei über ihre Betroffenheit durch den Suizid eines nächsten Angehörigen. Hier fühlte ich mich wirklich verstanden und aufgehoben. Ich stieß auf gleiche Gefühle und merkte, dass ich mit meiner noch nicht abgelegten Trauer nicht allein war, also mich nicht als pathologisch abstempeln lassen musste. Zum ersten Mal kam bei mir ein Gemeinschaftsgefühl mit anderen Betroffenen auf. Eine zweite Hürde war genommen. Ich fragte mich, ob ich dieses Gemeinschaftsgefühl unter Angehörigen weiter ausbauen könnte, um anderen Leidensgenossen zu helfen?

Ganz entscheidend wurde ich von der Logotherapie von **Viktor Frankl** beeinflusst. Bei ihm trafen sich meine Erlebnisse aus der NS-Zeit

*Hürde 3 auf Seite 48   Viktor Frankl 1905-1997

mit denen aus der anschließenden Ellbogengesellschaft des Wiederaufbaus. Frankl, unter Hitler rassistisch verfolgt und dem Konzentrationslager entronnen, begründete nach Freud und Adler die "Dritte Wiener Schule". In seinem Buch "Trotzdem Ja zum Leben sagen!" entfaltet er die Bewältigung seines eigenen Leides. Mit seiner Logotherapie (Logos, griechisch - Sinn) wollte er dem Menschen einen zukunftsorientierten Sinn für sein Leben geben.

Ich erkannte eine Parallele zu meinen Vater. Er hatte als NS-Regimegegner mehrere Jahre im Gefängnis gesessen und war an diesen Folgen verstorben. Aber in seinem politischen Kampf resignierte er nie. Warum hatte mein Mann nicht diese Kraft gehabt und bereits mit 39 Jahren sein Leben beendet? Die geballte Verzweiflung tat sich jetzt wieder vor mir auf, auch weil ich an die vielen politisch erzwungenen Selbsttötungen in der NS-Zeit, durch Krieg und Vertreibung dachte. Die Lehre Frankls erschien mir wie eine Offenbarung. Menschen, deren Lebensentwürfe durch Suizid in der Familie total zusammenbrechen, muss man mit sinnorientierter Hilfestellung begegnen. Diesen Grundsatz versuchte ich bewusst zu leben.

Noch fühlte ich mich aber nicht reif, die Selbsthilfegruppen für Angehörige um Suizid zu starten. Erst musste ich noch eine weitere Hemmschwelle überspringen, die der Nationalsozialismus in meiner Biografie hinterlassen hatte: Mit dem **Buch "Zwiespalt"** schrieb ich mir das belastende Thema NS-Zeit von der Seele. Mit diesem ersten Wagnis, mit einem Tabuthema an die Öffentlichkeit zu treten, war ich gestärkt für die Bearbeitung des anderen Tabuthemas "Suizid".

Immer wieder habe ich beobachten müssen, dass Suizidtrauernde neben den Schuldgefühlen auch unter dem Eindruck einer Schande leiden. Es kommt zum Teufelskreis von unbewältigter Schuld und versteckter Schande. Diese verlängert die Trauer und findet in der Verwandtschaft und Bekanntschaft meist kein Verständnis. Die gesunden Trauernden stehen somit in der Gefahr, selbst krank zu werden und haben auch ein höheres Suizidrisiko, was wissenschaftlich belegt ist. Dies hat nichts mit einer etwaigen Erbkomponente zu tun, sondern ist die Folge sozialer Ausgrenzung. Angst vor der Schande und Leiden unter der Sünde führt in Familien oft dazu, den Suizid in einen "Unglücksfall" umzuschreiben, ja gar einen Familienmythos aufzubauen. Und wehe dem, der daran rüttelt und nachforscht! Verstärkt wurde das noch durch die Problematik, dass bei Suizid viele Lebensversicherungen nicht ausgezahlt wurden und die Familie dadurch in große wirtschaftliche Not geraten konnte.

Hilfestellung in solchen Fragen fand ich bei einem Pater in Erlangen. **Dr. Euchar Schuler** war damals Leiter der dortigen Telefonseelsorge und der "Offenen Tür Erlangen", später von der "Johannes vom Kreuz-Akademie". In seinen Wochenend-Tagungen der Arbeitsgemeinschaft "Arzt - Seelsorger - Therapeut und Berater" bekannte er offen die Distanzierung der modernen Theologen von der historischen Haltung der katholischen Kirche zum Suizid. Das war eine ganz andere theologische Tonlage als die bei der Trauerfeier meines Mannes. Damals formulierte ein evangelischer Pfarrer die verurteilenden Worte: "Wer so etwas tut, den hat der Teufel am Kragen!"

3. Auf dem Weg zur Selbsthilfegruppe

Beim Besuch verschiedener Tagungen und Seminare hörte ich immer wieder von Selbsthilfegruppen, die sich zu verschiedensten Problemthemen zusammenfanden. Und das war es!! Das strebte ich auch an. Nur offene Kommunikation, Ehrlichkeit und nicht zuletzt Wissensvermittlung kann Stigma und Tabu auflösen. Aus der dumpfen, einsamen Trauer wollte ich die Betroffenen herausholen!

Auch mein Therapeut, Dr. Alberts, fand meinen Gedanken, eine Selbsthilfegruppe für Angehörige nach einem Suizid zu gründen, so gut, dass er sofort seinen Kollegen und Nachfolger **Dr. Schmidt** im Gesundheitsamt anrief und meinen Besuch ankündigte. Zur gleichen Zeit war auch **Prof. Böcker**, damals ärztlicher Direktor des Nervenkrankenhauses Bayreuth und Mitbegründer der DGS, bereit, mich zu unterstützen. Auch **Prof. Wolfersdorf**, der damals noch in Ravensburg-Weissenau tätig war und dann nach Bayreuth kam, begrüßte meine Ideen. Diese Herren waren meine ersten Mutmacher. Meine Hemmungen halfen sie mir abzubauen, indem sie mir sagten, ich bräuchte keine Psycho-Fachleute, ich sei als Betroffene bestens qualifiziert. Es gab ja keine passende Einrichtung, an die ich mich hätte wenden können.

Zum ersten Mal in der Öffentlichkeit
Im Februar 1989 stellte ich meine Idee der Psychosozialen Arbeitsgemeinschaft im Gesundheitsamt vor. Der Leiter des Gesundheitsamtes Bayreuth, Dr. Schmidt, hatte mich dazu eingeladen. Ich musste damals all meinen Mut zusammen nehmen. Es war mein erster offizieller Auftritt mit diesem heiklen Thema. Doch damit trat AGUS gewissermaßen zum ersten Mal in der Öffentlichkeit auf. Danach wurde in der örtlichen Zeitung kommentiert, man müsse sich in Zukunft nun auch um Angehörige von "Selbstmördern" kümmern. Da war es wieder, das schreckliche Wort "Selbstmord", das mich stets beleidigte.

Meine Absicht, eine Selbsthilfegruppe für Angehörige nach einem Suizid zu gründen, rief Verwunderung, aber auch Interesse hervor. Dass die Angehörigen von "Selbstmördern" so etwas nötig hätten, daran hatte keiner gedacht. Es lag nun an meiner Überzeugungsarbeit, das zu ändern. Ein Psychologe fragte mich nach der Veranstaltung, wie ich mir das vorstelle und ich müsste doch wohl erst mal eine Struktur finden. Meine Antwort war: "Ich fange überhaupt erst mal an!" Zunächst wagte ich anonym einige Versuche, die aber alle scheiterten. Was lief verkehrt? Wer kann schon Vertrauen zu einer "Frau Niemand" aus der Telefonseelsorge haben?

In einer Fortbildung für die ehrenamtlichen Helfer in der Telefonseelsorge stellte ich die Idee meiner Selbsthilfegruppe vor. Da hagelte es nun Warnungen betreffs Datenschutz. Man glaubte nicht, dass es mir gelingen könnte, an die Betroffenen heranzukommen. Einen Mitstreiter fand ich nicht, aber mein Wunschziel blieb bestehen. Die neue Hürde "Datenschutz" machte mir allerdings schon Kopfzerbrechen.

Vorbereitungen für die Gruppengründung
Bei meiner Vorbereitung auf die neue Gruppe fand ich aber Unterstützung durch meine Familie. In Telefonaten mit meiner Tochter Irm in Wien, eine erlernte Dipl. Sozialpädagogin, fantasierten wir über einen kurzen, prägnanten und wohlklingenden Namen für mein Projekt.

Der Name AGUS, Angehörige um Suizid, war geboren. Mit Hilfe telefonischer "Fernberatung" meiner Tochter und meines Schwiegersohns **Peter Watzal** in Wien entstand das erste AGUS-Logo: die Darstellung einer Brücke, die Licht und Dunkel, Hoffnung in der Verzweiflung und Verbindung aufzeigt. Mein Sohn in Iserlohn spendete ein Vortragshonorar. Mein Schwiegersohn gestaltete das erste einfache Info-Blatt.

Viel durfte es ja nicht kosten. Die fertig kopierten Infoblätter gab ich zur Verteilung an die Dekane der beiden großen Kirchen und den ärztlichen Kreisverband. Ab November 1990 konnten Ärzte und Seelsorger nun das Faltblatt auflegen und an Interessierte weitergeben.

Die AOK Bayreuth kam mir durch **Rainer Wölfel** entgegen und stellte mir kostenlos einen Raum für die Gruppentreffen zur Verfügung. Das war grundlegend, um die Idee überhaupt in Bayreuth und der Region bekannt zu machen. Der äußere Rahmen war abgesteckt, die Hauptpersonen fehlten nun noch: die Menschen.

AGUS-Brücke
Der unruhige Rand und die abstrakte Darstellungsweise sollen das Zerrissensein, bzw. das Emotionale und dessen Schwere darstellen. Auch die Angst soll sich in den wirr chaotischen Linien des Wassers widerspiegeln, dessen Reflektion jedoch wie ein Weg gegen den Horizont weist. Licht und Dunkel zeigen Hoffnung in der Verzweiflung auf.

Peter Watzal, Wien

Ein Journalist hilft

Doch wie sollte ich an die herankommen? Einen wirklichen Helfer fand ich in **Bernd Mayer (Journalist und Bürgermeister von Bayreuth)**. Er gab mir den Tipp, mich als Betroffene zu outen, d. h. mit Namen, Adresse und Foto für einen Bericht. Das war der einzig mögliche Weg, wie sich bald herausstellte. Ich hatte über Weihnachten und Neujahr Zeit, mir das zu überlegen. Es waren belastende Tage voller Unruhe bis zum Entschluss, aus der Anonymität herauszutreten und offen mit einem Tabuthema an die Öffentlichkeit zu gehen.

Als der Artikel unter dem Titel "Selbsttötung ist noch immer ein Tabu" im Januar 1991 erschien, mit Foto und Adresse, schlich ich durch die Straßen, schaute jeden an, ob er den Artikel gelesen hätte und was er jetzt wohl von mir dächte. Es war mir so zu Mute, als hätte sich erst jetzt mein Mann das Leben genommen. Hatte ich mich durch mein Outing selbst vielleicht in eine öffentliche Stigmatisierung hinein manövriert? Doch der Lohn für Mut und Angst zugleich blieb nicht aus. Die ersten Meldungen von Betroffenen gingen ein, von Menschen, die ähnlich fühlten wie ich und mir ihre ganze Seelenpein brieflich und telefonisch schilderten. Dem ersten Zeitungsartikel, der die Leser aufwühlte, aber auch Vertrauen schaffte, folgte bald ein zweiter. Dort gab Bernd Mayer Zitate der Betroffenen aus ihren Meldungen weiter und wählte die Überschrift: *„Erinnerungen fressen mich auf"*. Gleichzeitig erschien in anderen regionalen Zeitungen der Hinweis auf AGUS mit einem Foto von mir. Nur durch eigene Offenheit gelang es also, Betroffene über ihre so große Hemmschwelle zu locken.

4. Arbeit der ersten AGUS-Gruppe

Erste Gruppensitzungen

Am 12. November 1990 gab es den **ersten Gruppentreff**. Ein einziger Teilnehmer war gekommen, der seinen erwachsenen Sohn verloren hatte und von einer Ärztin geschickt worden war. Am 11. Februar 1991 kamen zwei weitere Männer dazu, die völlig gegensätzlich waren. Der 43jährige hatte seinen homosexuellen Freund durch Suizid verloren, der an AIDS erkrankt war. Er wirkte wie ein Paradiesvogel, hatte ein entsprechendes Leben in der Berliner Schwulenszene hinter sich und bezeichnete Normalbürger als "Stinos". Der zweite Mann, ein 39jähriger, trauerte um seine Frau, die sich erhängt hatte. Er kam aus dem ländlichen Bereich der Region und war also genau solch ein "Stino" (stinknormal).

Homosexualität und Suizid

Während der Sitzung schob sich das Thema Homosexualität immer stärker in den Vordergrund und der Suizid wurde zum Nebenthema. Ich fragte mich, ob der Gruppenaufbau mit einem solchen Betroffenen gut gehen konnte? Eine junge Gruppe konnte solchen Anforderungen kaum gewachsen sein, zumal die Gruppenteilnehmer selbst aus Verzweiflung und Leid heraus die Gruppe besuchen wollten, sich also eher in einer labilen, krisenhaften Lebenslage befanden. Nach Rücksprache mit vertrauten Fachleuten bat ich den 43jährigen, nicht mehr zur Gruppe zu kommen. Dies tat mir sehr Leid. Doch das war ein Schritt in die richtige Richtung. Die anderen Gruppenmitglieder bestätigten mir, sie wären nicht mehr gekommen, wenn ein HIV-Positiver in der Runde säße. Es waren Vorurteile, die ich aber beim Aufbau der AGUS absolut ernst nehmen musste. In den folgenden Jahren meldeten sich noch einige Homosexuelle aus dem Bundesgebiet, die einen Freund betrauerten. Sie waren schon zufrieden mit der Schilderung ihrer Doppelbelastung und Ausgrenzung, die da heißt "Homosexualität und Suizid". Weil sie die Suizid-Trauergruppen überfordert hätten, fanden sie anderswo Hilfe.

Der 39jährige hatte am **zweiten Gruppenabend** die Trauerrede von der Beerdigung seiner Frau mitgebracht. Im Mittelpunkt stand Wolfgang Borcherts Satz: "Was morgen ist und wenn es Sorge ist, ich sage ja!" Er hatte ein trauriges Erbe antreten müssen mit Schulden und Zwangsversteigerung, denn die Ehefrau hatte sich geschäftlich übernommen. Er offenbarte seine große Not. So wie er mussten wohl viele Suizidbetroffene fühlen.

Hilfreiche Trauerrede

Bereits nach so wenigen Zusammenkünften taten sich für mich sehr wichtige Erkenntnisse auf, auch wo ich Grenzen zu ziehen hatte. Es bewahrheitete sich die These von Prof. Böcker, keine Angehörigen aufzunehmen, die wegen Suizidversuchen in der Familie kamen. Eine Mutter verabschiedete sich nach einer Stunde Zuhörens mit den Worten: "Ich gehöre hier nicht her, mein Sohn lebt."

Gruppe begrenzen auf Suizidtrauer

Der **dritte Gruppentreff** brachte aufgrund des zweiten Zeitungsartikels erstmals acht Personen zusammen. Sie kamen aus Oberfranken und der angrenzenden Oberpfalz und lernten sich erst bei AGUS kennen. Man spürte zwar Scheu, aber auch das Gefühl der Verbundenheit, weil jeder wusste, die anderen sind auch betroffen. Ein schreckliches Ereignis brachte Tochter und Enkelin zu uns. Tief schockiert berichteten sie von der Tablettenvergiftung und anschließender Selbstverbrennung der 67jährigen Mutter. Nur einmal war sie beim Nervenarzt gewesen und habe den so genannten "Idiotentest" machen müssen. Als Witwe kam sie über

Gefühl der Verbundenheit

"Alles getan und trotzdem"

den Tod ihres Mannes nicht hinweg. Die Suizid-Signale, die ihre Tochter gehört hatte, versuchte sie der Lebensmüden auszureden. Trotzdem kam es zum schlimmen Tod. "Und dabei habe ich doch alles für sie getan!" klagte sie.

Weinen dürfen

Eine junge Frau, die noch nicht lange aus der Ex-DDR in den Westen gekommen war, berichtete von den Suiziden ihres Vaters und Stiefvaters, nachdem die Mutter noch einmal geheiratet hatte. Ihre Mutter soll sehr hart gewesen sein und hätte ihr das Trauern verboten. Am meisten bedrückte sie das Leid um den leiblichen Vater, dem sie als 15jährige nicht glaubte, als er von politischer Verfolgung sprach. Sie durfte nicht weinen.

Erinnerungen fressen mich auf

Eine Frau hatte ihren Mann durch Erschießen verloren. Sie schrieb in einem Brief an mich: "Erinnerungen fressen mich auf". Dieses Zitat wurde zur Überschrift eines weiteren Zeitungsartikels. Sie schrieb außerdem "Wir wissen nicht warum!" Sie hatte zwei Söhne und verstand nicht, dass er nicht das Geringste angekündigt hatte, auch nicht bei Kollegen. Sie fand ihn erschossen auf dem Boden im gemeinsamen Schlafzimmer. Nun tauchte für sie unter anderem die große Frage auf, ob sie das Schlafzimmer weiter benutzen könne. Nach zermürbenden Gedanken schlief sie wieder dort, denn das Haus hatte sie mit ihrem Mann zusammen gebaut. Äußerlich war sie gefasst, aber innen sah es anders aus. Sie wirkte wie versteinert. Nach Jahren hat sie den beschwerlichen Weg ihrer Trauerarbeit unter dem Titel "Ich wein' um Dich – Ich wein' um mich" schriftlich niedergelegt. Sie war eine besonders aktive und kluge Gesprächsteilnehmerin, die auch in Rundfunkbeiträgen mitwirkte.

„Ich wein' um Dich - ich wein' um mich

Unsensible Ärzte und Verwandte

Total untröstlich war eine andere Witwe. Ihr Weinen nahm kein Ende, ob am Telefon, ob in der Gruppe. Ihr Mann war den Schienentod gestorben, ganz in ihrer Nähe. Sie war unfähig, diesen Ort aufzusuchen und ihren Mann zu identifizieren, ebenso ihre Kinder. Ein Verwandter kam zur Hilfe. Sie befragte ihn. Er antwortete nur: "Ich sage nichts!" Schreckliche Vorstellungen vom Aussehen des Schienentoten nisteten sich bei ihr ein. Große Unzufriedenheit äußerte sie gegen den behandelnden Arzt. Der hatte gesagt: "Passen Sie auf, dass es nicht wieder so schlimm wird wie damals!" Ihr Mann hatte nämlich bereits sieben Jahre vorher eine Depression durchlebt. Welche Anforderung stellte der Arzt an die Ehefrau? Die Wertschätzung, die der Verstorbene stets erfuhr: fröhlich, hilfsbereit, gewissenhaft, flexibel, beliebt und tätig in vielen Vereinen, ließ ihr Schuldgefühl ins Unerträgliche anwachsen. Sie ahnte nicht, wie krank er wirklich war. Ihre Verwandten reagierten mit Hilflosigkeit und sie fand keine Zuwendung. Andererseits hatte ihr Mann ihnen immer geholfen, wenn sie ihn brauchten. Sie erfuhr erst Besserung in der Gruppe, als sie "vor fremden Menschen" gesprochen hatte und wieder eine feste Stimme bekam. Dass fremde Menschen in der AGUS-Gruppe geholfen hatten, hat sie am meisten gewundert. Sie fand auch an der Arbeitsstätte ihres Mannes eine Halbtagsstelle und verständige Kolleginnen, die ihren Mann sehr geschätzt hatten und mit ihr über den liebenswerten Toten sprachen.

Sie ahnte nicht, wie krank er wirklich war

Dagegen litt eine andere Gruppenteilnehmerin unter größter Ausgrenzung. Ihre Worte waren immer wieder: "Keiner spricht mit mir." Ihr 29jähriger einziger Sohn hatte sich in der Dusche seiner Wohnung erhängt. Sie sah das Leid als Selbstbestrafung. "Ich muss leiden, ich habe ihn nicht richtig erzogen. Ich schäme mich so sehr." Sie wohnte in der Friedhofstraße und konnte direkt auf das Grab ihres Sohnes sehen. Wenn sie aus dem Haus zur Arbeit ging, konnte sie niemanden anschauen. "Alle wissen Bescheid", sagte sie, "aber keiner spricht mit mir!" Ihr Mann schämte sich auch. Nach drei Monaten Krankschreibung arbeitete sie zwei Monate, war aber am Ende ihrer Kraft. Diese Mutter bekam von ihrem Mann wenig Unterstützung, und das ist beim Suizid eines Kindes besonders schlimm.

„Alle wissen Bescheid, aber keiner spricht mit mir!"

Jugend und Suizid

Der Tod eines 17jährigen Sohnes führte ein Ehepaar aus der Oberpfalz zu uns. Er hatte sich an seiner Lieblingsbirke erhängt. Die Gruppenteilnehmer reagierten

Den eigenen Tod vorausgemalt

sichtlich betroffen, als sie eine mitgebrachte Serie von zwölf Zeichnungen betrachteten, mit denen der 17jährige seinen Tod vorausgemalt hatte. Er muss wohl sehr gelitten haben unter dem Leid der Welt und der Bedrohung durch eine atomare Katastrophe. Denn kurz zuvor war der Golfkrieg ausgebrochen, und Joachim ging mit der Gasmaske zur Schule. Er wollte ein Zeichen setzen. Dieser Fall sollte für unsere Öffentlichkeitsarbeit eine bedeutende Rolle einnehmen. Die Zeichnungen erschütterten nicht nur die Betrachter; sie regten an, das Pauschalurteil über Jugendlichensuizide zu revidieren. *(Zeichnungen von Joachim, siehe unter AGUS-Ausstellung auf Seite 122)*

Ich muss wohl eine schlechte Mutter gewesen sein?

Über Joachim selbst ist viel geschrieben worden. Deshalb sollten wir uns dem Elternpaar zuwenden. Sie sind vom Frühjahr 1991 an stets gemeinsam in die Gruppe gekommen, haben sich nicht nur gegenseitig gestützt, auch die zwei Töchter einbezogen, sondern wurden zu einer Hauptstütze der AGUS-Initiative. Bei der ersten Begegnung ließ Frau Schinner ihr Herz zu mir sprechen, indem sie mir eine kleine herzförmige Bonboniere schenkte. Beim Überreichen sagte sie zu mir: "Ich muss wohl eine schlechte Mutter gewesen sein?!" Das Gegenteil war der Fall, aber die eigene Schuldzuweisung, den Erziehungsauftrag an seinem Kind nicht erfüllt zu haben, ist eine unglaublich große Belastung. Im Gespräch mit unzähligen Neuen in zehn Jahren AGUS-Gruppenarbeit hat diese Mutter speziell das Leid von Jugendlichensuiziden hervorragend mitgetragen und gelindert. Außerdem setzte sie sich mit ihrem Fachwissen in Sachen Finanzen stets engagiert für den Bestand der AGUS ein.

Jugendsuizid und politische Auseinandersetzung

Über Frau Schinner kam die Ärztin Dr. Scudieri in die Gruppe, die ebenfalls den Suizid ihres 17jährigen Jungen durch Erhängen zu beklagen hatte. Es war zwei Monate nach Joachim geschehen, ähnliche Motive mögen Auslöser gewesen sein. Diese Mutter aus Tirschenreuth war die Erste, die für AGUS nach München in eine abendliche Fernsehrunde ging, an der u. a. auch Herr Karasek und Prof. Pohlmeier teilnahmen.

Die ersten Mitglieder der neuen AGUS-Gruppe zeigen anschaulich, mit wie vielen Unterthemen der Suizid verbunden ist. Das Chaos des Gefühlslebens der Betroffenen kennt natürlich noch weit mehr Probleme, die jedes Gruppentreffen zu einer neuen Herausforderung machten. Neben den Berichten der Gruppenteilnehmer brachte ich verschiedene Briefe und Telefonprotokolle ein, die mich aus ganz Deutschland erreichten. Wir waren durch die Einbindung der überregional Betroffenen in unserem Gruppengespräch mit ihnen eine Gemeinschaft. Die Mitteilungen über das vielfältige Leid von Schwestern und Brüdern brachten den Entfernten Entlastung und uns den Trost. Es wurden auch hier über gewisse Zeit oder auf Dauer Kontakte geknüpft, schriftlich und durch persönliche Besuche. Meine Besuche bei Regionalbetroffenen verbanden sich stets mit dem Gang zu den Gräbern und einem vertiefenden Gespräch in der Wohnung, speziell im Umfeld des geliebten Toten.

Arbeit der AGUS-Gruppe Bayreuth

Die AGUS-Gruppe Bayreuth traf sich jeden 2. Samstag im Monat in der AOK. Den nüchternen Gruppenraum gestalteten wir mit Tischdecken, Kerzen, Duftlampen und Blumen. Die Zusammenkünfte dauerten im Schnitt fünf Stunden. Auch in der Kaffeepause drehten sich die Gespräche um das Thema. Die Teilnehmerzahl variierte zwischen 12 und 25, im Schnitt waren es 15 Personen. Neulinge haben meist zuvor mit mir schon Verbindung aufgenommen, aber die Überwindung der Hemmschwelle war für die meisten nicht leicht. Doch dies legte sich bald durch die ungezwungene Aufnahmebereitschaft der Gruppenmitglieder, die schon länger dabei waren. Und so gelang den Neuen, bereits beim ersten Treff über die leidvolle Geschichte zu sprechen. Ich erinnere mich an einen Nachmittag, an dem eine junge Frau aus Ostdeutschland, die von einer Psychotherapeutin in die AGUS geschickt worden , das gesamte Elend der uldbezichtigungen

Die erste AGUS-Gruppe in Bayreuth 1994. Von links: Karl Baumgartner mit Mutter Franziska, Brigitte Schinner. Ganz rechts Edeltraud Wiesel.

durch die Familie ihres suizidierten Mannes und der anschließenden Flucht mit zwei Kindern in den Westen in ihrer Körpersprache zum Ausdruck brachte. Mit ständigen festen Bewegungen der Hände auf ihren Oberschenkeln schien sie den Schmerz förmlich aus ihrem Körper herauspressen zu wollen. Sie war danach sehr dankbar, dass sie geschafft hatte, ihre Geschichte zu erzählen.

Neue bekamen besonders viel Aufmerksamkeit und Zeit zum Reden, dadurch wurden sie in der Regel rasch integriert. Sie öffneten sich, weil sie echte Teilnahme und das Mitfühlen aus gleicher Betroffenheit erlebten. Die Problematik "Suizid" führte alle zusammen, ganz gleich ob der Verlust des Partners, Kindes, der Eltern, der Geschwister oder eines Freundes zu beklagen war. Die Gruppendisziplin war vorbildlich, Geduld und Schweigen wurde gepflegt, um den Betroffenen ausreden zu lassen, Ermutigung, wenn jemand nicht reden konnte, Trost, wenn das Leid des Unglücklichen hervorbrach.

Beispiele der AGUS-Gruppenarbeit
Dem Hass die Spitze abbrechen
Zusammensetzung der Gruppe: ein Ehepaar, das seinen verheirateten Sohn durch Suizid verlor und wütend ist auf die Schwiegertochter, eine junge Frau, die ihren Freund durch Suizid verlor und von dessen Eltern als schuldig verteufelt wird, ein junger Mann, der seine Freundin durch Suizid verlor und bei deren Eltern gesehen ist wie ein eigener Sohn.

Gruppenverlauf: *Die unterschiedlichen Auffassungen und Schuldzuweisungen werden diskutiert, für die jeweilige Gegenseite wird Verständnis wach, dem aufgestauten Hass die Spitze abgebrochen und versöhnliche Gefühle geweckt. Ein solcher Erfolg, der in weiteren Treffs noch ausgebaut wird, kann nur im Gruppenprozess entstehen, nicht in der Einzeltherapie.*

Trauer nach Suizid ist nicht pathologisch
Zusammensetzung der Gruppe: eine betroffene Frau, die ihren Vater mit 16 Jahren - vor nahezu 30 Jahren verlor und ihm dies nie verzeihen konnte. Darüber wurde sie psychosomatisch krank. Eine 31jährige Frau, die ihren Vater ebenfalls mit 16 Jahren durch Suizid in der früheren DDR verlor, und nie um ihn trauern durfte. Ihre Tränen wurden sogar mit Schlägen durch die Mutter bestraft. Brieflich vertreten ist ein betroffener Witwer aus Niedersachsen, dessen Frau vor vier Jahren Suizid beging und ihn mit vier Kindern zurückließ. Dieser Mann ist besonders wütend und unversöhnlich.

Beispiele der AGUS-Gruppenarbeit   31

Gruppenverlauf: *Der Briefschreiber, der trotz seines Unvermögens, die Tat seiner Frau zu verstehen, die AGUS-Arbeit schätzt, gibt die Gesprächsrichtung vor. Die jungen Frauen erkennen in ihrer enttäuschten Haltung dem Vater bzw. der Mutter gegenüber, daß ihre Trauer nichts Anormales oder gar Pathologisches darstellt, sondern dass sie den Abschied noch nachholen können und den Verstorbenen das Recht auf Suizid zugestehen müssen. Im ersten Fall ist eine seelische und körperliche Gesundung erfolgt. Im zweiten Fall ist die Trauer um den Vater neu aufgebrochen, die Konfliktsituation mit der Mutter verbessert worden. Der Briefschreiber kümmert sich indessen um einen Nachbarn, dessen Frau in Suizidabsichten lebt. Er ist stolz, von ihm zur Hilfe gerufen worden zu sein. Durch den Kontakt mit der AGUS hat er dazu die Fähigkeit erlangt.*

"Kuhhandel" und Suizidprävention
Zusammensetzung der Gruppe: Ein Großelternpaar, das seinen Sohn durch Suizid verlor und von der Schwiegertochter und deren Mutter den Kontakt zu dem kleinen Enkel verwehrt bekommt. Eine Witwe mit zwei Kindern, deren Ehemann und Vater Suizid beging und die mit ihren Schwiegereltern total zerstritten ist. Andere Betroffene als Berater.

Gruppenverlauf: *Großelternpaar und Witwe beziehen Stellungen je auf der Gegenseite und verdeutlichen ihre konträren Gefühle. Zur Debatte steht ein "Kuhhandel": Geld gegen Enkelkind. Die Großmutter leidet so sehr unter der Eskalation der Familienstreitigkeiten, dass sie Tage vorher gegen einen Baum fahren wollte. Ihr Mann grummelt und schimpft deftig. Die Witwe versucht aus ihrer Erfahrung - ihr Fall liegt schon länger zurück - aus einer gelassenen Haltung die Großmutter aufzufangen.*

Durch folgende Schritte im Gruppenprozess sieht das Großelternpaar neue Perspektiven:
- die Feststellung, dass mit einem neuen Suizid niemandem gedient ist;
- durch den dringenden Rat zu einer räumlichen und zeitlichen Entfernung,
- die Annahme einer Vermittlerrolle durch einen unparteiischen Verwandten, der dies angeboten hatte;
- die Bezugsberechtigung der Lebensversicherung auf das Enkelkind umzuschreiben mit Verfügbarkeit bei Volljährigkeit;
- durch körperliche Zuwendung (Umarmung) und das Geschenk von Blumen.

Dieser Nachmittag hat uns allen nach drei Stunden Erleichterung gebracht. Das Wissen um die Schuldzuweisungen nach dem Suizid und die daraus folgende Zerstrittenheit, die fast immer gerichtlich ausgetragen wird, Sachkenntnis aus eigener Erfahrung und vor allem mit hoher Emotionalität geführte Dialoge haben bewirkt, daß bei der schluchzenden Betroffenen die Blockade gelöst und die Suizidgefahr abgewendet werden konnte. Ein Nachmittag reinster Suizidprävention!

Begleiter der AGUS-Gruppe

Um unser Wissen zu erweitern, suchten wir Fachleute aus Bayreuth. **Prof. Felix Böcker**, damals Leiter des Nervenkrankenhauses, stellte sich als Erster zur Verfügung und beantwortete bei einem Treffen im Juli 1991 unsere Fragen. Ein Hauptpunkt waren die Signale vor dem Suizid; wie man sie erkennt und was man tun kann. Fazit der Äußerungen des Psychiaters Prof. Böcker waren: *"Sie müssen den Suizid wie einen natürlichen Tod annehmen!"* Dieser Satz stand fortan zwar als erstrebenswert, aber auch als schwer annehmbar im Raum.

Im November 1992 kam der Kinder- und Jugendpsychiater **Dr. Holstein** in die Gruppe, der ebenfalls im Bayreuther Nervenkrankenhaus tätig war. Regional und überregional hatten sich betroffene Eltern und Mütter mit Jugendlichensuizid eingefunden. Neben den spezifischen Fragen kam erstmals auch die Geschwistertrauer zur Sprache. Ein 11jähriger Junge litt z.B. unter Angstträumen im Wachzustand. Er glaubte sich vom Bruder verfolgt, sah ihn in Erinnerung an den letzten Anblick als Monster. Welche Gefahr besteht also nach einem Suizid für Geschwister?

Bischof von Schweden, Pfarrer und kirchliche Presse

1963 hatte der Pfarrer in Treuchtlingen bei der Trauerfeier für meinen toten Mann Reinhart Wülker noch gesagt: "Wer so etwas tut, den hat der Teufel am Kragen". Es war ein Schlag für mich und ich wollte die schriftliche Form der Ansprache nicht haben. Seitdem hat sich viel geändert. Am Anfang stand da für mich ein Freund meines Mannes, katholischer Bischof von Schweden, **Dr. Brandenburg**, der mir aufgeschlossene Pfarrer wünschte. Später lobte er unsere Rundbriefe, dass er daraus viel lernen könnte.

In Bayreuth fand ich aufgeschlossene Kirchenvertreter, sowohl in der katholischen wie evangelischen Kirche. **Bernd Mayer** stellte im „Evangelischen Sonntagsblatt" die AGUS und ihre Fortschritte öfter dar. **Marion Krüger** berichtete als Bamberger Redakteurin und spätere Herausgeberin des katholischen „Heinrichsblattes". Schon im März 1991 hatte sie den aufrüttelnden Artikel *„Warum den Schuldkomplex noch vertiefen?"* verfasst.

Auf den Zeitungsartikel „*Kirchliches Versagen bei Suizidenten*" meldete sich **Pfr. Gottfried Lindner** und fühlte sich aufgerufen, sich für AGUS einzusetzen. Als er den Umfang meiner Arbeit sah, reagierte er beeindruckt: „*Da muss Ihnen die Kirche aber danken.*" Er wurde ein treuer Mitarbeiter im AGUS-Vorstand und bei der Redaktion des Rundbriefs. Wiederholt widmete er in Gottesdiensten die Kollekte für AGUS. Im „Evangelischen Gemeindeblatt" (Bayreuth) veröffentlichte er als Schriftleiter informative aktuelle Artikel über AGUS. Gemeinsam wurden wir von der katholischen Pfarrkonferenz zu einem Vortrag über AGUS eingeladen und fanden dort interessierte Zuhörer. Im November 1999 konnte unsere Ausstellung unter der Begleitung von **Dekan Hans Peetz** in der Bayreuther Stadtkirche präsentiert werden. Das war in einer Kirche ein Novum, unsere Ausstellung mit dem Tabu „Selbstmord".

Im Hörfunk gab es sechs Sendungen von kirchlichen Sendern, bzw. AGUS-Beiträge in kirchlichen Programmen wie „Kirche und Welt" oder "Bedenkzeit" Die evangelische Funk-Agentur berichtete im Oktober 1999 über "zehn Jahre AGUS-Ausstellung" und ließ am Schluss **Regionalbischof Wilfried Beyhl** zu Wort kommen. Dies wurde in unserer CD "Wege aus der Verzweiflung" aufgenommen.

Im Gruppengespräch habe ich öfter helfende Rundfunkpredigten verwandt, die ich mir schicken ließ, z.B. von **Waldemar Pisarski** „*Die Klage fließen lassen*". Diese Ermunterung schaffte Vertrauen, ebenso Worte von **Jörg Zink** "*Trauer hat heilende Kraft*" oder von **Pfr. Breit** „*Reden ist Gold, Schweigen ist Blech!*". Dadurch fühle ich mich in meiner Arbeit von kirchlicher Verkündigung bestätigt.

> *Helfende Worte:* „*Die Klage fließen lassen"* (Pisarski)
> „*Trauer hat heilende Kraft"* (Zink)
> „*Reden ist Gold, Schweigen ist Blech"* (Breit)

Hilflose oder verletzende Tröster

„*Aus dumpfer Trauer hervorgewagt"* oder „*Kirchliches Versagen bei Suizidenten"* und „*Auch Suizid kann Gottes Wille sein"* waren treffende Überschriften von evangelischer Seite. Es wurde deutlich, dass die Geistlichen in ihrer Ausbildung zu wenig oder überhaupt nichts von der Problematik des Suizids und seinen Folgen erfuhren. So konnten sie nicht den Trost geben, der von ihnen erwartet wurde.

So z.B. als eine Witwe, sehr enttäuscht über die Tat ihres Mannes, unmittelbar nach der Beerdigung aus Wut ihr Papiertaschentuch ins Grab warf. Da hätte er nicht reagieren dürfen: *"Das wäre aber nicht nötig gewesen."* Für Frau K. aus Kassel war es nötig.

Auch die telefonische Äußerung eines Pfarrers zum Sohn eines Suizidenten gehört in diese Rubrik: *"Der Sohn solle mal darüber nachdenken, ob er an der Katastrophe mitschuldig sei, denn der Tod des Vaters sei ein Denkzettel für die ganze Familie gewesen!"*. Der Tote hatte vergeblich gegen eine schwere Depression angekämpft, bei der ihn die Familie getragen hat. Solche Taktlosigkeiten sollten bei Pfarrern nicht vorkommen.

Eine andere Witwe, deren alkoholkranker Mann sich 26 Jahre vorher das Leben genommen hatte, berichtete mir von den Anschuldigungen ihrer Schwiegerfamilie. Sie schickten ihr einen Brief mit einem großen Kreuzzeichen und dem Zusatz: "Es ist vollbracht". Sie hatte sich scheiden lassen, weil sie keine Co-Alkoholikerin mehr sein wollte. Christliche Symbole und Drohungen mit Fegefeuer etc. steigern das Leid der Angehörigen. Pfarrer brauchen eine tabulose und sachliche Schulung über den Umgang mit Suizid, wie so viele andere Helferberufe auch. Kirchliche Drohbotschaften sollten der Vergangenheit angehören.

Bei der Frage nach Anregungen und Wünschen schrieb K. W. aus Karlsruhe: "Wünschenswert ist mir, dass Ihre Arbeit vollständig von der Kirche übernommen wird, in der Sie auch die stärkste Multiplikationsmöglichkeit finden. Ständig neue Gruppen in der Gesellschaft zu gründen erscheint mir weniger wichtig, als die alten auf Vordermann zu bringen." Gegen die Kirche und einzelne Pfarrer gab es in den vielen Jahren meiner AGUS-Tätigkeit die meisten Anschuldigungen. Das kirchliche Versagen bei Suizidenten, die Hilflosigkeit gegenüber den Angehörigen, das Festschreiben der Sünde, die Ausgrenzung und Ächtung dieses bedauernswerten Personenkreises über die Jahrhunderte hinweg nahm bei den Gesprächen viel Raum ein.

Die Kriminalpolizei besucht die AGUS-Gruppe
Im Januar 1998 wurde ich von einer Bayreuther Kripo-Mitarbeiterin angerufen mit der Anfrage, ob ich einer völlig verstörten Witwe helfen könnte, deren Mann sich eben erhängt hatte. Neben meiner Hilfe entwickelte sich dadurch auch ein Kontakt zur Polizei. Zum AGUS-Maitreff erschienen im AOK-Raum der damalige Kripochef Herr **Zeiske** und sein Nachfolger, Herr **Pittroff**. Sehr eifrig berichteten die Betroffenen über negative wie auch positive Erlebnisse mit der Polizei. Wir erkannten sehr

bald die schwierige Aufgabe der Beamten, die Nachricht von einer Selbsttötung an Angehörige zu überbringen. Außerdem wurden wir sensibel für die Arbeit der Kripo, wenn es um die Identifizierung ging und um peinliche, aber notwendige Befragungen, damit Fremdverschulden ausgeschlossen werden konnte.

Ein Elternpaar hatte allerdings massive Kritik an der Kölner Kripo geübt, von der sie tagelang nicht ordnungsgemäß über den Suizid ihres dort studierenden Sohnes unterrichtet worden waren, obwohl sie sich mehrmals bei ihnen gemeldet hatten. Hier war der Unterschied zwischen einer Großstadt und Bayreuth erkennbar geworden.

Das erste Treffen zwischen Polizisten und der Suizid-Angehörigengruppe Agus: Gruppengründerin Emmy Meixner-Wülker mit den Kripo-Beamten Ernst Pittroff und Eberhard Zeiske. Foto: mot

An dem großen Tisch saß auch eine frisch betroffene Witwe, deren Mann sich an einer öffentlichen Stelle im Freien erhängt hatte. Sie war damals erstarrt vor Scham. Als ein Polizist ihr die Nachricht überbrachte, konnte sie kein Wort sagen, was die Aufklärung zunächst natürlich total behinderte. Die Amtsausübung des Polizeibeamten war gestört, die schockierte Frau vom Besuch des Polizisten und seinem vermeintlich falschen Verhalten zusätzlich frustriert. Mit dem Hauptkommissar Pittroff machte ich daraufhin einen Hausbesuch. In einem zweistündigen Gespräch konnten wir ihr Vertrauen gewinnen, über die entscheidenden Vorgänge war sie nicht informiert gewesen. Sie beschwerte sich zu Recht, dass die Leute in ihrer Nachbarschaft mehr wüssten als sie! Später konnte sie die Kopie der Polizeiakte und vier Fotos ihres toten Mannes einsehen. Allmählich legte sich ihr Misstrauen, auch wenn sie die Fotos nicht sofort anschauen konnte. Das war ein großartiger Akt der Hilfestellung durch die Polizei, um eine Suizidbetroffene ins Gleichgewicht zu bringen.

Diese Besprechung mit der Kriminalpolizei brachte noch weitere Erkenntnisse und Anregungen. So werden beispielsweise die Fotos der Toten 10 Jahre aufgehoben. Angehörige haben ein Recht auf Auskunft. Da horchten viele Gruppenteilnehmer auf, die ihre Toten nicht gesehen hatten. Einige gingen bald darauf zu ihrer zuständigen Polizeistation und konnten dann die Fotos einsehen. Polizisten sollen immer stark, wendig, umsichtig und dabei auch noch gefühlvoll sein. Ist das nicht zuviel verlangt? AGUS verfügt in der Kartei über eine relativ hohe Zahl von Polizisten, die sich selbst das Leben nahmen. Müssen Polizeibeamte nicht häufig zu hohe Anforderungen erfüllen?

Ein Bestatter bei AGUS

Der Bestatter ist neben der Kripo meist der Erste, der von erschütterten und sprachlosen Betroffenen gerufen wird und die unangenehme Überraschung mitzutragen hat. Er muss über besonderes Feingefühl verfügen, wenn er dem Leid der Suizidangehörigen begegnet. **Alexander Christ** vom Bestattungsinstitut Himml in Bayreuth, geprüfter Bestatter und Juniorensprecher des Bestatterverbandes Bayern e.V., bestritt einen Nachmittag in der AGUS-Gruppe. Es waren anstrengende Stunden, in denen der Referent über den "letzten Dienst am Menschen" sprach.

Er berichtete über die Ausbildung des Bestatters und sehr anschaulich von seiner Tätigkeit. Dabei ermutigte er die Gruppenmitglieder zur Durchsetzung ihrer Wünsche, sollte ihnen das „Abschiednehmen" von ihren Toten verweigert werden. Inzwischen ist es Allgemeingut geworden, dass dieses "Abschied nehmen" von den Toten sehr wichtig für die Trauerarbeit ist. Bei Suiziden, die die Leiche entstellen, hält er das Berühren einzelner Körperteile für nötig, ja sogar nach Schienentod für möglich. Es liegt im Können eines Bestatters, den Toten ansehnlich herzurichten. Angehörige sollten es sich nicht nehmen lassen, beim letzten Dienst an ihrem geliebten Toten nicht ganz ausgeschlossen zu werden. Wir alle waren mit Herrn Christ der Ansicht, dass das „Abschied nehmen" am offenen Sarg eine Notwendigkeit ist.

Dies bewies auch ein Erlebnis, das ich mit einer Witwe aus der Region hatte. Sie wollte ihren erhängten Mann um keinen Preis der Welt ansehen. Sie hatte regelrechte Horrorvisionen davon, wie schrecklich ein Erhängter aussähe. Der Tod war noch frisch, und so rief ich am nächsten Morgen das Bestattungsunternehmen in Pegnitz an, das mir die Witwe angegeben hatte. Ich bekam die Auskunft, dass der Tote unbeschadet und gut anzuschauen wäre. Ich konnte vor der Beerdigung durch schnelle telefonische Vermittlung und Aufklärung erreichen, dass nicht nur die angstvolle Witwe, sondern auch die Verwandtschaft, die ihr das Anschauen untersagt hatte, durch einfühlsame Hilfestellung des Bestatters am offenen Sarg Abschied nahmen. Unter Tränen der Erleichterung bedankte sich die Witwe abends bei mir am Telefon. Das hätte sie nie für möglich gehalten, dass der Tote so friedlich und gut aussehen würde. An dieser Begebenheit wird erkennbar, wie Aberglaube und Schreckensvisionen noch in vielen Köpfen spuken, wenn es um Suizidenten und deren frühere Ächtung geht.

Übrigens brachte Herr Christ zu seinem Vortrag auch ein Musterbuch für Traueranzeigen mit, darunter Todesanzeigen speziell für Suizid. AGUS regte auch an, trauernde Hinterbliebene auf Spenden für AGUS an Stelle von Blumen und Kränzen aufmerksam zu machen. Im Laufe der Jahre hatten sich mehrere Bestattungsunternehmen gemeldet, die Trauergruppen gründen wollten.

Geselligkeit und Wanderungen

Aus dem Tal der Tränen schon etwas herausgetreten, entwickelte die Kerngruppe einen lebensbejahenden Geselligkeitstrieb. Meine Absicht war, die Verzagten allmählich durch Geselligkeit wieder dem Leben zurückzugeben. Das wurde dankbar angenommen und war auch Vorbild für andere überregionale Gruppen.

In meinem Hause lud ich zu festlichen Adventsfeiern ein. Öfters besuchten uns Pfarrer und hielten uns eine Andacht. Im Sommer regte ich Wanderungen an mit anschließender Einkehr bei einem Betroffenen zur Grillpartie. Da wurden Kinder und Hunde mitgenommen. 1994 führte unsere Wanderung zum Schlossberg bei Kemnath. 1995 ging es zur Rotmainquelle und zur Besichtigung der Kirche in Lindenhardt. 1996

Erster Wandertag am 20. August 1994 bei Familie Schinner in Kemnath

besuchten wir gemeinsam die Landesgartenschau in Amberg. 1997 lud ich in meinen Garten und zum Lindenhof des Landesbunds für Vogelschutz in Bayreuth ein. 1998 besuchten wir Auerbach. 1999 trafen wir uns in Selb und fuhren gemeinsam in das naheliegende Franzensbad in Tschechien.

Dieses gesellige Beisammensein stärkte den Zusammenhalt unserer Gruppe enorm. Ich habe das auch in Rundbriefen immer den anderen Gruppen empfohlen. Manche Neue wurden gerade dabei gut integriert.

5. Medien unterstützen AGUS

Die ersten beiden Presseartikel durch den Journalisten Bernd Mayer brachten Betroffene aus Bayreuth und dem Umland zusammen. Gleichzeitig erschien im Quartalsheft der Barmer Ersatzkasse ein Hinweis auf AGUS. Das war der Anfang einer Bewegung, die ganz Deutschland erfasste. Bundesweit reagierten Presse, Rundfunk und Fernsehen. Es war etwas völlig Neues, dass jemand auf diesen Personenkreis aufmerksam gemacht hat, dessen Hilfsbedürftigkeit bisher nicht bekannt war. **Innerhalb von sieben Jahren konnte ich über 80 Presseberichte zählen, die mir bekannt wurden, dazu 20 Rundfunk- und 27 Fernsehsendungen.**

Die telefonischen und schriftlichen Anmeldungen von Journalisten, die über meine ungewöhnliche Idee berichten wollten, rissen nicht ab. Sie alle, bundesweite Presseagenturen, Rundfunk- und Fernsehanstalten nahmen mit großem Interesse die Interviews und Berichte ihrer Korrespondenten auf und verbreiteten die AGUS in ganz Deutschland. Diese Arbeit war für mich eine völlig neue Erfahrung. Sie war verbunden mit einer ungeheuren seelischen und geistigen Herausforderung und einem immensen zeitlichen Aufwand. Jede Begegnung machte eine intensive Vorbereitung notwendig und das Festsetzen von Schwerpunkten. Außerdem war ein beherztes und sicheres Auftreten gefragt. War alles überstanden, dann kam die Nacharbeit: Betroffene, die meine Hilfe suchten. Die damaligen Talk-Shows, die einen Großteil unseres AGUS - Erfolges ausmachten, waren in ihren Anfängen noch sehr seriös. Das war mein Glück, sonst hätte ich auch nicht zugesagt. Mit bestem Wissen und Gewissen wählte ich nur die besten Sendungen für unser Anliegen aus und wahrte auch stets den Datenschutz.

Fernsehen

Die Pressereporter und Rundfunkberichterstatter kamen fast immer zu mir nach Hause. Manche Rundfunkinterviews wurden aber auch live per Telefon in Sendungen eingeblendet. Von den Fernsehanstalten wurde ich in der Regel ins Studio eingeladen. Das Fernsehen mobilisiert die Menschen am meisten, denn der heutige Zeitgenosse verlangt zum Ton auch das Bild. Das Fernsehen hat AGUS die meisten Meldungen telefonisch und schriftlich beschert, nach meinem Auftritt bei "Fliege" allein über hundert.

Abendschau BR 3

Einiges Bemerkenswerte, was mir im Gedächtnis blieb: Am 27. Februar 1991 lief in der "Abendschau" BR 3 die Ausstrahlung über die AGUS-Gründung in Bayreuth. Eine Woche vorher: Frau **Beate Blaha** erobert mit zwei Kameramännern meine Wohnung. Gemeinsam überlegen sie, wo gedreht werden soll. Ich bin sehr aufgewühlt, denn ich weiß nicht, welche Fragen auf mich zukommen. Sicher wird es sehr persönlich, denn das Technische um AGUS kann man ja den Presseberichten entnehmen. Was wird die engagierte 33jährige fragen? Und ob ich mich da wohl richtig verhalte? Mein Konzept, das ich vorbereitet habe, werde ich gewiss nicht brauchen. Ein paar Fotos und ein altes Tagebuch lege ich noch bereit. Darauf ist die Fernsehdame sofort scharf. Ich solle "aus dem Bauch" sprechen, rät sie mir. Im kleinen Wohnzimmer geht's dann los und ich spreche "aus dem Bauch"! Hinterher weiß ich nicht mehr im Einzelnen, was ich alles herausgesprudelt habe auf die Eingangsfrage: "Wie haben Sie damals den Suizid Ihres Mannes erlebt?" Ich denke, ich bin auf das Problem des Suizids mit seinen vielfältigen Belastungen eingegangen. Angeblich war das Ganze gut und es sei schade, dass man doch wegen des Zeitmangels und der Notwendigkeit der Beschränkung für den Beitrag so manches Wichtige wegschneiden müsse, aber man wolle es mal aufheben.

Ortswechsel! In meinem Arbeitszimmer am Schreibtisch sitzend lese ich aus den eingegangenen Briefen vor. Nach Beendigung schaue ich in die Kamera. Ein Fehler! Das Ganze noch einmal, ich schaue jetzt nach der anderen Seite. Was wird nach dem Schneiden noch übrig bleiben? Ich werde bis zur Sendung in einer Woche sehr gespannt sein. Ich fiebere der Abendschau entgegen. Für AGUS hängt ja einiges davon ab, ob Betroffene zu der Gründerin Vertrauen haben können, zumal sie es ohnehin schwer haben, aus ihrer Isolation herauszufinden. Aus Teilen dieser ersten Sendung haben wir kurz darauf unser erstes Video zusammengestellt.

Beate Blaha hatte mir nach der Aufzeichnung in meinem Haus Mut gemacht, dass ich für das Fernsehen gut geeignet sei. Daraus schöpfte ich Selbstvertrauen für alle weiteren Sendungen und machte auch wiederum vielen Betroffenen Mut, für AGUS an die Öffentlichkeit zu gehen. Das war eine anstrengende Arbeit für mich, Betroffenen die Angst zu nehmen. Hinterher waren sie befreit und stolz, wenn sie von Nachbarn und Freunden beglückwünscht wurden, dass sie so offen waren und gut ankamen.

SAT 1 "Schreinemakers live"

Am 3. Februar 1993 wurde ich zu "Schreinemakers live" eingeladen. Ich erkundigte mich vorher, dass nicht mit dem Wort "Selbstmord" anmoderiert oder nachgefragt werden sollte, was mir zugesagt wurde. Was ich erst nach der Sendung erfuhr, dass unter meiner Person zwar "Gründerin der AGUS" stand, aber auch einmal "Frau eines Selbstmörders". Ich bekam am nächsten Morgen im Hotel in Köln, wo ich übernachtet hatte, den Anruf meiner Schwester, dass Leute, bei denen ich am nächsten Tag eingeladen war, mich ausluden, sie waren über Nacht krank geworden. Erst im Jahre 2005 erfuhr ich bei einem Verwandtenfest durch Zufall den wahren Grund der Ausladung. Im Jahre 1939 hatte sich der Vater des

Emmy Meixner-Wülker am 3. Februar 1993 in „Schreinemakers live"

Mannes das Leben genommen. Die gesamte Großfamilie, die ich inzwischen kannte, hatte das mit Erfolg verdrängt und mit mir nach meinem Auftritt bei Schreinemakers in all den Jahren kein Wort zu Suizid oder AGUS gesagt. Mich hat das sehr verletzt, aber für mein Lebenswerk nehme ich diese Erfahrung in Kauf. Sie zeigte mir die Strategie des Verdrängens.

3 - Sat "Diskussionsrunde"

Am 16. November 1994 wirkte ich mit Prof. Wolfersdorf bei der Aufzeichnung der Sendung "Warum, so fragt man sich immer" von eineinhalb Stunden mit. Im Mittelpunkt standen die zwölf Zeichnungen von Joachim Schinner, in denen er seinen Tod vorausgezeichnet hatte. Sein Freund Heinl kommentierte sehr viel.

Im Gegensatz zum Fall vom 17jährigen Joachim war ein Mann eingeladen, der sehr frei berichtete, wie sein Vater ihm und der Familie verkündete, dass er sich jetzt umbringen werde, weil er nach dem Tod seiner Frau keinen Sinn mehr im Leben sehe. Er erbat sich drei Tage Zeit, erst danach sollten ihn die Angehörigen besuchen. Der Sohn befolgte den Wunsch des Vaters und fand zur abgemachten Zeit den Vater "friedlich schlafend" im Bett, wie er sagte. Mich hat es bei diesem Bericht gefroren. Prof. Wolfersdorf und ich hatten eine andere Anschauung, wir vertraten die AGUS. Die zwei Anschauungen blieben nebeneinander stehen.

RTL "Ilona Christen"

Am 19. Juni 1995 hatte Ilona Christen von RTL zum Thema "Mein Partner hat sich umgebracht" eingeladen. Ich hatte zur Teilnahme aus Niedersachsen drei AGUS-Betroffene gebeten, zwei Frauen und einen Mann. Der Mann, Herr Petermann aus Heyen, war durch seine Kinder an AGUS geraten, er kam sich im Dorf geächtet und wie aussätzig vor. Zu seiner toten Frau verhielt er sich total

Fortsetzung auf Seite 46

RTL-Ilona Christen „Mein Partner hat sich umgebracht", 19.6.1995

Presseberichte die AGUS bekannt sind, 1989-1999

1. Nordbayerischer Kurier: "Ständig neue Gruppen" - Erste Vorstellung der AGUS-Idee - Bericht über SH-Gruppen - 25.02.1989

epd-Bericht von Bernd Mayer - identische Artikel 1991
2. Nordbayerischer Kurier: "Selbsttötung ist noch immer ein Tabu"
3. Süddeutsche Zeitung: "Hilfe für Angehörige nach einer Selbsttötung"
4. Frankenpost: "Selbsttötung: Hilfe für die Hinterbliebenen"
5. Sonntagsblatt: "Trauerhilfe nach einer Selbsttötung"
6. Nordbayer. Nachrichten: "Trauerarbeit: Freitod - und was dann?" - Feb. 91
7. Nordbayerischer Kurier: " Erinnerungen fressen mich auf" - 11.2.1991
8. Heinrichsblatt: "Warum den Schuldkomplex noch vertiefen?" von Marion Krüger - 03.03.1991
9. Nordbayerischer Kurier: "Schuldgefühle, Selbstzweifel und Alpträume" - 13.07.1991
10. Frau im Spiegel: "Ein Rettungsanker in tiefem Schmerz" - November 1991
11. Barmer (Zeitschrift für Mitglieder der Barmer Ersatzkasse): "Trauerhilfe bei Suizid" - Januar 1992

ap-Meldung von Thomas Rietig - identische Artikel - Januar 1992
12. Nürnberger Nachrichten: "Mit Trauerarbeit ein großes Tabu brechen"
13. Stuttgarter Nachrichten: "Mit aktiver Trauerarbeit ein Tabu brechen"
14. Südwestpresse Ulm: "Mit einer Lüge wollte sie nicht länger leben"
15. Passauer Neue Presse: "Selbstmord: Die Notsignale werden oft überhört"
16. Heilbronner Stimme: "Hilfe für Suizid-Hinterbliebene"
17. Weser Kurier, Bremen: "Selbstmord ist für viele noch immer ein Tabuthema"
18. Nordbayerischer Kurier: "Wenn Menschen sich das Leben nehmen" von Manfred Otzelberger - 16.2.1992
19. Der Dom (Kirchenzeitung für das Erzbistum Paderborn): "Angehörigengruppe um Selbstmord" - 22.3.1992
20. Badisches Tagblatt: "Freitod eines Angehörigen: "Trauerarbeit soll Tabu brechen" - 9.5.1992
21. Apothekenzeitschrift "Gesund und fit" des Pharmathek-Verlags Seeheim-Jugenheim (Paracelsus): "Trauerhilfe bei Suizid" - Juni 1992
22. Cosmopolitan: "Wenn Kinder den Tod suchen" - Oktober 1992
23. Deutsche Allgemeines Sonntagsblatt: "Der Tod und der Junge" - 13.11.92
24. AOK-Magazin Bayreuth-Kulmbach "Bleib gesund": "Selbsthilfegruppen in Bayreuth und Umgebung: AGUS - Angehörige um Suizid" - Januar 1993

dpa-Meldung von Frank Wairer - identische Artikel - Januar 1993
25. Hofer Anzeiger: "Bayreuther Liste für Hinterbliebene"
26. Amberger Zeitung: "Allein ist die Trauer nicht zu bewältigen"
27. Main-Post: "Stütze gegen Berührungsangst, Verdacht und Schuldzuweisung"
28. Windsheimer Zeitung: "Die Betroffenen sollen sich zusammenschließen"
29. Süddeutsche Zeitung: "Die Trauer eint Angehörige"
30. Nordbayerischer Kurier: "Über das Tabu Selbstmord sprechen" - 3.4.1993
31. Bayreuther Gemeindeblatt - Evangelisches Monats-Magazin: "Lebenslauf abrupt abgebrochen" - Juli 1993
32. Nordbayerischer Kurier: "Kein Mitleidsvorschuss" - 17./18.11.1993

Presseberichte von AGUS 43

33. Süddeutsche Zeitung: "Wege aus tiefer Trauer und Isolation" - 25.11.1993
34. Evang. Sonntagsblatt: "Aus dumpfer Trauer hervorgewagt" - 28.11.1993
35. Stuttgarter Zeitung: "Mein Mann hat sich umgebracht" - 19.12.1993
36. Cuxhavener Nachrichten: "Mein Mann hat sich umgebracht" - 31.12.1993
37. Wiesbadener Kurier: "Zur Trauer kommt auch die Wut" - 15.1.1994
38. Weserkurier: "Wenn die Trauer nicht bewältigt wird" - 26.3.1994
39. Westdeutsche Allgemeine Zeitung: "Selbsthilfegruppe probt mit Angehörigen die Trauerarbeit" - 8.4.1995
40. Nordbayerischer Kurier: Fernsehkritik zur Sendung bei RTL Ilona Christen: „Mein Partner hat sich umgebracht" - 21.6.1995
41. Nordbayerischer Kurier: "Gegen ein uraltes Tabu" - 2./3.9.1995
42. Nordbayerischer Kurier: " Offen damit umgehen ist am besten" - 16./17.9.1995
43. Die Woche: "Bis dass der Tod uns eint" - 22.9.1995
44. Heilbronner Stimme: "Suizid - letzter Weg aus der Krise?" - 25.10.1995
45. Nordbayerischer Kurier: "Die Kunst des Zungenlösens" - 21./22.10.1995
46. Nordbayerischer Kurier: "Hilfe bei Gesprächen im Grenzbereich" - 15.10.1996, Matthias Wiegmann
47. Nordbayerischer Kurier: "Niemand hat schuld daran" - 19./20.10.96, Manfred Otzelberger
48. TZ: "Niemand hat Schuld daran" - 02./03.11.1996, Karl Krause
49. Süddeutsche Zeitung: "Gegen Mauer des Schweigens" - 02./03.11.96, Michael Steinberger

50. Nordbayerischer Kurier: "AGUS-Arbeit gewürdigt" - 15.05.1997, Stefan Brand
51. Nordbayerischer Kurier: "Oberfrankenstiftung ehrt rührige Bürgerin" - 15.5.97
52. Sonntagsblatt: "Sozialpreis für Selbsthilfegruppe AGUS" - 25.05.1997
53. Fränkischer Tag: "Eine Stiftung als Füllhorn für ganz Oberfranken" - 12.7.97
54. Nordbayerischer Kurier: "Wagemutige Idealistin" - 12.7.97, M. Otzelberger
55. Nordbayerischer Kurier: "Emmy Meixner-Wülker erzielt Sozialpreis" - 18.7.97
56. Nordbayerischer Kurier: "Kirchliches Versagen bei Suizidenten" - 22.8.97, Bernd Mayer
57. Frankenpost: "Selbsthilfegruppe: Kirche versagt bei Suizid" - 25.8.97, Bernd Mayer
58. Evangelischer Pressebericht Bayern: "Kirchliches Versagen bei Suizidenten" - 26.8.1997, Bernd Mayer
59. Nürnberger Nachrichten: "Altes Klischee" - 28.8.1997, Bernd Mayer
60. Fränkischer Tag: „Heraus aus der dumpfen Trauer" - 28.8.1997, B. Mayer
61. Rothenburger Sonntagsblatt: "Kirchliches Versagen bei Suizidenten" - 31.8.97, Bernd Mayer
62. Nordbayerischer Kurier: "Behandlung keine Schande" - 21.10.97, Manfred Otzelberger
63. Nordbayerischer Kurier: "Ein Verein auf Erfolgskurs" - 22.10.1997, Manfred Otzelberger
64. Nordbayerischer Kurier: Fernsehkritik zur "Fliege"-Sendung mit AGUS-Beteiligung mit AGUS-Gründerin E. M. W. - 28.1.1998
65. Berliner Tagesspiegel: "Der Tod ohne Abschied" - 22.3.1998
66. Bayreuther Gemeindeblatt: "Selbsthilfegruppe Suizidangehöriger" - 4/98
67. Nordbayerischer Kurier: "Die Sachbearbeiter des Todes - Polizei und Suizid" 20./21.6.1998

68. Bayreuther Gemeindeblatt: "10 Jahre Hilfe für Suizidangehörige" - 10/98
69. Nordbayerischer Kurier: "Flucht in den Tod - Mitschuld der Kirche" - 17./18.10.98
70. Nordbayerischer Kurier: "Wie aus Leid Sinn entsteht" - 21.10.98
71. Bayreuther Anzeiger: und Nordbayerischer Kurier: "Hinweise auf AGUS-Veranstaltung und Ausstellung im Landratsamt" - 23.10.98
72. Nordbayerischer Kurier: "Auch Suizid kann Gottes Wille sein" - 27.10.1998
73. Süddeutsche Zeitung: "Kirchen haben viel Unheil angerichtet" - 30.10.1998
74. Frankfurter Rundschau: "Das Tabu der Todessehnsucht" (B. O. Kleist) - 31.10.1998

75. Evang. Sonntagsblatt: "Immer mehr ältere Menschen nehmen sich das Leben" 1.11.1998
76. Nordbayerischer Kurier: Festschriftbesprechung: "Es geht um die Überlebenden" - 2.11.1998
77. Kölnische Rundschau: "Das Tabu der Todessehnsucht" - 21.2.1999, Bettina von Kleist
78. Bayreuther Gemeindeblatt: "Weder Verurteilung noch Sprachlosigkeit", Vortrag von Prof. Dr. W. Schobert - Februar 1999
79. Nordbayerischer Kurier: "Das Suizid-Tabu endlich brechen" - 23.3.1999, Vorstellung des Buches von Manfred Otzelberger "Suizid - das Trauma der Hinterbliebenen" von Detlev Vetten
80. Deutsches Allgemeines Sonntagsblatt: "So was tut man doch nicht" - 30.4.1999 - Christine Holch

Rundfunkberichte und Interviews, 1991-1998

1. Radio Mainwelle - 29.03.1991
2. Bayern II Wort Regionalfunk Nürnberg - 04.04.1991
3. Hessischer Rundfunk I "Alterssuizid" (Betroffene Winkler) - 18.11.1991
4. Südfunk Stuttgart "Südfunk aktuell" - 12.02.1992
5. Bayern I "Bayernmagazin" - 12.02.1992
6. Rias II "Magazine" - 13.02.1992
7. Rias I "Radio mobil" - 24.02.1992
8. Radio Aref (Freikirche) "Lichtblicke" - 01.11.1992
9. Antenne Bayern - Evangelische Funkagentur - Nov. 1992
10. Antenne Bayern - Katholische Radioredaktion - Nov. 1992
11. Bayern II Wort "Kirche und Welt" - 03.12.1992
12. Antenne Franken (Bamberg) - 23.12.1992
13. Hessen I: Hinweis auf Ausstellung und Vortrag in Frankfurt, Interview mit Ulrike Holler - 04.05.1993
14. Bayern II Wort - (Gründerin und mehrere Betroffene kommen zu Wort) 1 Stunde - 21.11.1993
15. DLF (Deutschlandfunk): "Von Tag zu Tag" über AGUS - 05.01.1994
16. Bayern II Wort: "Bedenkzeit" - 13.04.1994
17. Bayern II - Familienfunk-Notizbuch: "Angehörige um Suizid" - 07.02.1995
18. Radio KW-Duisburg-Moers: "Tabuthema Suizid" - Interview zur Gründung der Regionalgruppe Duisburg
19. Bayern II Wort: Hörbild 1 Stunde "Flucht in den Tod" - 22.10.1995
20. efa (Evangelische Funk-Agentur): "10 Jahre AGUS-Ausstellung - 10/98

Fernsehsendungen, mit AGUS-Betroffenen 1992-1999

1. Bayern 3 "Abendschau" (Meixner-Wülker zur AGUS-Gründung) - 27.2.1992, Bayreuth
2. Bayern 3 "Nachtclub" (Frau Dr. Scudieri bei Karasek) - 10.4.1992, Tirschenreuth
3. Bayern 3 "Zeitspiegel" (Herrn Kühnert aus Landshut) - 10.5.1992
4. RTL "Bayern aktuell" (Prof. Böcker - Betroffene Winkler) - 24.11.1992, Helmbrechts
5. SAT 1 "Schreinemakers live" (Meixner-Wülker) - 3.2.1993 - Bayreuth
6. RTL "Hans Meiser" (Meixner-Wülker in "Selbstmord und die andern") - 03.05.1993, Bayreuth
7. RTL "Hans Meiser" (Frau Sillack in "Depression - Krankheit der Seele") - 07.10.1993, Herzogenaurach
8. RTL extra: "Schienentod", G. Trammer, Ansbach - 31.10.1994
9. VOX: "Mein Kind ist tot" - 30.11.1993, Kühnert, Landshut
10. 3-Sat: "Tagebuch" Sendung über die AGUS-Gruppe Bayreuth - 6.11.1994
11. 3-Sat: "Warum, so fragt man sich immer" Diskussionsrunde - 16.11.1994, Prof. Dr. Wolfersdorf, E. M. W., Bayreuth, Ravensburg
12. SAT 1 "Schreinemakers live": "Kindersuizid" - 23.2.1995, Schinner, Kemnath
13. RTL Ilona Christen: "Mein Partner hat sich umgebracht" - 19.6.1995, Emmy Meixner-Wülker, Kuhn, Petermann, Bayreuth, Kassel, Heyen
14. ARD - Fliege: "Wenn Kinder aus dem Leben gehen" - 21.11.1995, Salzbrenner, Erlangen
15. ARD - Fliege: "Wenn es Nacht wird in der Seele - Depressionen" - 27.11.1995, Emmy Meixner-Wülker, Bayreuth
16. SAT 1 - Vera am Mittag: "Selbstmord - mit der Schande leben" - 21.5.1996, Emmy Meixner-Wülker, Bayreuth, Meier, Bayreuth
17. Pro 7 - Focus-TV "Kindersuizid" - 13.5.1996, Schinner, Kemnath
18. ARD - Fliege: "Junge Witwen" - 3.7.1996, Deppmeier, Hameln
19. ARD - Juliane & Andrea: "Wenn Kinder sterben" - 20.8.1996, Schmitt, Hamburg
20. SAT 1 - Schreinemakers live: "Mit der Trauer leben" - 5.9.1996, Karl Baumgartner, München
21. SAT 1 - Frühstücksfernsehen: "Experten" - 24.03.1997, E. M. W., Bayreuth
22. TVM - "Blaulicht" (Frau Festl) - 09.05.1997, München
23. DW-Deutsche Welle "Suizid bei Jugendlichen" - 22.11.1997, Schinner, Kemnath
24. ARD - Fliege: "Ich habe einen Menschen auf dem Gewissen", 26.01.1998, Dörrich, Bonn
25. ORB-Abendjournal: "Angehörige um Suizid" - 23.4.1998, Lila Vogt, Berlin, Emmy Meixner-Wülker, Bayreuth
26. MDR - Thüringen privat: "Selbstmord - Hilfe für die Hinterbliebenen" - Ursula Kühn, Erfurt
27. RTL Explosiv-Weekend: Ingrid Schmidt, Bayreuth - 8.8.1998

unversöhnlich, er ist es heute noch, dass sie ihm so etwas Schlimmes angetan hat. Aber er ging ins Fernsehen und sagte das auch offen, dass er nicht für sich, sondern für AGUS da säße, weil er dies als gute und segensreiche Einrichtung erkannt hätte. - Ich habe heute noch Verbindung mit Herrn Petermann und bin sehr interessiert, ob seine Versöhnungsbereitschaft vielleicht doch gewachsen ist. Ich selbst war auch in der Sendung und werde mich immer an den gequälten Gesichtsausdruck dieses AGUS-Mitglieds erinnern, der obwohl verständnislos für das Handeln seiner Frau bis heute AGUS unterstützt. Jeder könnte doch gut verstehen, wenn er von AGUS gar nichts wissen wollte.

SAT 1 "Frückstücksfernsehen"

Am 24. März 1997 war ich in Berlin zu Gast bei der Sendereihe "Frühstücksfernsehen" zum Thema "Experten". Dort konnte ich AGUS, die Idee und die Verwirklichung vorstellen. Nach dem Beitrag durfte ich im Sender noch Fragen der Zuschauer beantworten.

Den Medien muss ich ein großes Lob aussprechen, sie berichteten nicht reißerisch oder sensationslüstern, sondern der Situation angemessen sensibel. Diese Feststellung gilt nicht nur für das Fernsehen, sondern für alle Mediensparten, Presse und Rundfunk ebenso. Allerdings brauchten wir fürs Fernsehen besonders viel Mut, und ganz speziell bei Live-Sendungen. Ich sage an dieser Stelle allen Beteiligten, die bei der Öffentlichkeitsarbeit durch die Medien mitgewirkt haben, noch einmal ausdrücklich Dank, denn hauptsächlich dadurch ist AGUS eine bundesweite Initiative geworden.

5. Deutschlandweite Kontakte und Gruppengründungen

Durch Fernseh- und Radiosendungen und Presseartikel meldeten sich bald Betroffene aus ganz Deutschland. Immer war die erste Frage: "Wo gibt es in meiner Nähe eine Gruppe wie die Ihre?" Erstaunen und Unverständnis immer wieder darüber, dass es für alles mögliche Gruppenangebote gibt, aber nicht für Suizidangehörige.

Einige nahmen den weiten Weg auf sich und besuchten die Gruppe in Bayreuth. Danach kam es immer wieder vor, dass sie nach dem Gruppenerlebnis in ihrer Region eine eigene AGUS gründeten. Selbsthilfekontaktstellen gaben ihnen technische Hilfe. In einigen Fällen ging das schnell, in der Regel brauchte der Beginn jedoch viel Zeit und Ermutigung, je nachdem, wie lange die Suizidbetroffenheit zurücklag.

Rufbereitschaft rund um die Uhr

Ich habe bewusst meinen Privatanschluss zur Verfügung gestellt, weil ich jederzeit bereit sein wollte, Anrufe entgegenzunehmen. Für Trauernde würde es doch sehr schwer sein, überhaupt den Hörer aufzunehmen, das wusste ich von der Arbeit bei der Telefonseelsorge. Dort habe ich auch öfter erlebt, dass einige wieder aufgelegt haben, weil der Mut zum Reden sie verließ. Besonders dann, wenn sie ein Anrufbeantworter empfing. Wenn einige Anrufer über Kontaktstellen an mich mit der Telefonnummer vermittelt wurden, war es wichtig, dass sie von meiner eigenen Betroffenheit hörten. Erst dann öffneten sich die Schleusen und sie konnten reden. Manche kamen in Einzeltherapien nicht zu Recht. Sie fanden Hilfe in der AGUS-Gruppe durch den Kontakt mit anderen Betroffenen.

Sie beschweren sich häufig, dass sie so lange nach Hilfe gesucht hätten, aber nichts gefunden. Für jede Kleinigkeit gäbe es Selbsthilfegruppen, nicht aber für Menschen nach Suizid. Manchmal ging es rund um die Uhr. Auch nachts riefen Menschen an, oftmals Fernfahrer, die im Nachtprogramm die Wiederholung einer Fernsehsendung mit Angabe der AGUS-Telefonnummer gesehen hatten. Die Post brachte Anfragen und Briefe, in denen das Leid seitenweise geschildert wurde. Natürlich habe ich alles beantwortet. Es war am Anfang überhaupt nicht daran zu denken, dass mir jemand bei diesem Tabuthema geholfen hätte. So kam ich an die Grenzen meiner Möglichkeiten.

Zwar hörte ich öfters den Rat, Aufgaben an andere zu delegieren. Es fand

AGUS-Gründerin ordnet Karteikarten von Betroffenen

sich jedoch niemand, der betroffen war und freiwillig mitgearbeitet hätte. So sammelten sich in meiner Privatwohnung Karteikästen mit über 1000 Karten von gespeichertem Leid und Not von Menschen, die ein Kind, den Partner, den Freund oder die Eltern durch Suizid verloren hatten und diesen Schicksalsschlag nicht verwinden konnten. Ich nahm alle Trauernden an, die andere Betroffene suchten. Von selbst lernten sich die Zurückgebliebenen nicht kennen. Viele konnten nur mit tränenerstickter Stimme sprechen. Sie hatten oft Jahre ihr Leid verschwiegen. Einmal hat mir eine Mutter 14 Tage vor ihrem Tod mit inniger und liebevoller Stimme eine Stunde lang einen Brief an ihren toten Sohn am Telefon vorgelesen. Sie sagte mir, dass sie es mit niemandem sonst könnte, auch mit der erwachsenen Tochter nicht. Ich werde die Dankbarkeit dieser alten Dame aus Süddeutschland nie vergessen.

Dritte Hürde: Datenschutz

Dass ich den Anrufern und schriftlichen Anfragern in ihrer Nähe keine AGUS-Gruppe anbieten konnte, war eine neue Hürde für mich. Ich fragte mich: "Wie finden sich Betroffene?" Denn es war unmöglich, deutschlandweit auf Anhieb Gruppen aufzubauen. Wie sollte ich diese Hürde überwinden? Ich dachte an Zwischenkontakte und Einladungen nach Bayreuth, wo es ja seit 1990 die erste AGUS-Gruppe gab. Könnte ich denn nicht auch Listen herausgeben mit Namen, Adressen und Betroffenheit, fragte ich mich? Das Gespenst "Datenschutz" stand jetzt erstmals richtig groß im Raum. Konnte ich das irgendwie meistern?

Ja!!! Im heißen Wunsch, gleich und ähnlich Betroffene kennen zu lernen, war das kein Problem, zumal die Anzahl in den Anfangsjahren noch relativ überschaubar war. Also entstanden mit der Zustimmung jedes einzelnen erste interne Listen, Zweierkontakte zum Austausch, dann Mehrfachkontakte bis hin zu Gruppen. Suizidbetroffene, die sich in ihrer eigenen Region kennenlernen konnten und solche, die sich gegenseitig teilweise bundesweit über weite Strecken besuchten, um ihren Kummer und das tiefe Leid voreinander auszubreiten, weil es in der eigenen Familie oft nicht möglich war und die Trauer einfach nicht abgelegt werden konnte. Solche Beziehungen haben zum Teil bis heute Bestand. Die dritte Hürde "Datenschutz" war schließlich doch genommen!

Kontakte mit den neuen Bundesländern

In den Briefen und Anrufen, die mich aus der früheren DDR erreichten, wurde mir von vielen Suizidfällen nach Existenzverlust der Ehemänner berichtet. Es war die Zeit nach der Wende, wo Menschen ihre seelische

Versand von Informationsmaterial

und wirtschaftliche Not kundtaten. Vorher war ihnen Trauer nach Suizid vom SED-Regime nicht gestattet.

Suizide hatte es nicht zu geben! So lauteten ihre Aussagen. Der Briefkontakt bestand meist, bis die Hinterbliebenen wieder Boden unter den Füßen und sich eine neue Existenz aufgebaut hatten und auch von westlichen Gruppenteilnehmern lernten, wie sie mit den Schulden umgehen konnten. Gleichzeitig bewiesen uns in der AGUS diese Fälle besonders anschaulich, dass sich Männer fast ausschließlich über ihre berufliche Existenz identifizierten. Wo fanden die regionalen Betroffenen Parallelen? Dieses Thema stand immer wieder im Mittelpunkt, weil es zu Wertlosigkeitsgefühlen führt und die männlichen Suizidzahlen auf zwei Drittel der Gesamtzahl anwachsen lassen.

Versand von Infomaterial

Selbstverständlich war ich auch meine eigene Sekretärin. Jeder, der sich meldete, brauchte Info-Material. Dies schickte ich kostenlos, ebenso wie eine Auswahl der immer zahlreicher werdenden Presseberichte, die die Adressaten als erste Literatur zu ihrer Problematik begrüßten und in denen sie sich mit ihren belasteten Gefühlen wieder fanden.

Später fand ich auch den Mut zu den ersten Betroffenenlisten. Vorher hatte ich, um Genehmigung gefragt, die Adresse weitergeben zu dürfen. Es kamen so die ersten Rundbriefe zustande, die eine Solidargemeinschaft verband.

Am 28. Februar 1994 mit Elfie Meier unterwegs zur Post mit den Rundbriefen

Bayreuth, den 25.3.1991

Liebe AGUS-Teilnehmer!

Unser erster gemeinsamer Gruppenabend hatte am 11.3. acht Leute versammelt. Ich weiß nicht, ob es Ihnen danach auch so wie mir ging: eine Art Befreiung, daß anderen ähnliches Leid wie mir geschah? Wir haben ein erstes Fundament für unsere AGUS-Brücke (siehe Titelblatt des Infos) gebaut. Ich danke Ihnen für Ihr Kommen, das für manche mit solch weitem Weg von 1 1/2 Stunden Fahrzeit wie Neustadt bei Coburg verbunden ist.

Wie schon besprochen, treffen wir uns am <u>8.4.</u> bereits um <u>19.30 Uhr</u> vor dem AOK-Haupteingang. Ich geleite Sie dann in die Wichernstraße in meine Wohnung, wo wir auf einem größeren Bildschirm als in der AOK möglich den Fernsehbeitrag über AGUS anschauen wollen.

Inzwischen haben sich auch der Bayrische Rundfunk Filiale Nürnberg und Radio "Mainwelle", unser Bayreuther Regionalsender bei mir eingestellt. Es wurde jeweils ein Interview mit mir aufgenommen, dessen Sendezeit ich Ihnen seit heute angeben kann.

<u>Radio "Mainwelle" 93.3 - Karfreitag: zwischen 15.00 u. 18.00 Uhr</u>
<u>Die genaue Zeit konnte ich heute noch nicht erfahren.</u>

<u>Bayr. Rundfunk - Hörfunk 2. Progr.: am 4.4. ab 11.30Uhr bis</u>
<u>12.30Uhr in der Sendung "Franken aktuell"</u>

Vielleicht nehmen Sie die Gelegenheit wahr, die Sendungen zu hören. Ich weiß nicht, wie sie nach dem Schneiden und Kürzen ausfallen und hoffe, sie werden so instruktiv wie der Fernsehstreifen.

So wünsche ich Ihnen denn mit Ihren Angehörigen gesegnete Ostertage und grüße Sie herzlich bis zum 8. April,

Ihre

Emmy Meixner-Wülker
858 Bayreuth
Wichernstraße 1
Telefon 0921/66110

*Erster AGUS-Rundbrief
aus dem Jahre 1991*

Anfragen: Vermittler und professionelle Helfer

Je bekannter AGUS wurde, desto mehr interessierten sich professionelle Helfer in Beratungsstellen, Kliniken, Selbsthilfezentren und Hilfsdiensten sowie auch Einzeltherapeuten und Studierende, die eine Diplomarbeit zu schreiben hatten, für das Thema "Hinterbliebene nach Suizid" und die spezielle Arbeit der AGUS. Wiederholt riefen Lehrer bei mir an, die sich Sorgen um Schüler machten, um deren suizidales Verhalten, oder wenn jemand in deren Familie sich das Leben genommen hatte. Diese aufmerksamen und empathischen Lehrer schätzte ich besonders und gab gerne Rat aus meiner Erfahrung.

Auch Ärzte suchten für betroffene Patienten eine Selbsthilfegruppe wie AGUS in der Nähe, so z.B. ein Oberarzt aus Haar bei München. Ein Psychiater aus Meran in Südtirol brauchte Info-Material, weil er eine Gruppe gründen wollte. Weitere Anrufe kamen auch aus dem benachbarten Ausland, Österreich und der Schweiz. Selbst Pfarrer suchten bei mir telefonischen Rat. So rief z.B. ein 37jähriger Pfarrer aus Ratingen an und schilderte den Fall eines Familienvaters von drei Kindern im Alter von 7, 9 und 11 Jahren, der sich auf dem Friedhof erhängt hatte. - Was er denn nun berücksichtigen müsse? Der Tote wäre noch nicht beerdigt. Er wolle jetzt die Familie des Toten besuchen. Ganz wichtig schien mir in diesem Fall der Hinweis auf das Abschiednehmen, was jetzt ja noch möglich war. Mehr und mehr riefen Nachbarn, Freunde und Verwandte an, die auf AGUS aufmerksam machen und erste Hilfe geben wollten. Sie alle bekamen Infomaterial, das sie teilweise mit der Kondolation still übergaben. Mir zeigte dies stets das große Defizit im Problembereich "Trauer nach Suizid".

Gruppengründungen in den ersten Jahren

Das Fernsehen, die Presse, das Radio und auch meine vielen Vorträge haben AGUS bekannt gemacht. Wir haben schon mehrmals Adressenlisten herausgebracht, damit sich die Betroffenen finden können. Auf diese Weise gründeten sich auch regionale Gruppen, ähnlich der Bayreuther AGUS.

Unsere gesamte Öffentlichkeitsarbeit hatte stets das Ziel, möglichst viele Suizidhinterbliebene zu erreichen und zusammenzuschließen. Dazu sollte das gesammelte Material dienen. Inzwischen erfolgen mit einer offiziellen Ausstellungseröffnung zugleich meist auch Gruppengründungen. Dies braucht vom ersten Gedanken bis zur eigentlichen

Verwirklichung manchmal viele Jahre, so besuchte mich in dieser Absicht z.B. bereits 1991 eine Betroffene. Jahre später war die Zeit reif, um in Weilheim und Schongau ihren Plan mittels Ausstellung und lobenswerter Vorarbeit in die Tat umzusetzen. Vorher war sie bereits an der Gruppengründung in Augsburg beteiligt.

Berlin

Am schnellsten entstand die Gruppe Berlin. Dort war ein Artikel mit AGUS-Hinweis in einer großen Tageszeitung erschienen, worauf sich eine beachtliche Zahl von Interessenten bei mir meldeten, gleichzeitig auch ein Betroffener, der die AGUS-Gruppe gründen und leiten wollte. Das Berliner Fernsehen lud mich zu einem Statement ein und am selben Abend konnte ich inmitten des Betroffenenkreises in einem Restaurant die AGUS Berlin aus der Taufe heben mit dem Sprecher Herrn Nordloh.

Frankfurt/Main

Auch in Frankfurt am Main gründete sich sehr bald eine erste AGUS-Gruppe. Diese große Gruppe beschloss, sich in Personen mit Partnerverlust und eine mit Kindesverlust aufzuteilen.

München

In München gründete sich bald in einer Privatwohnung eine neue Gruppe. Als die Gruppenbegleiterin aufhörte, führte sie **Brigitte Festl** weiter. Sie hatte selbst anfangs mehrmals die Kerngruppe Bayreuth besucht. Die Betroffenen versammelten sich daraufhin in einem neutralen Raum, was bei Selbsthilfegruppen die Regel sein sollte.

Im Großen und Ganzen orientierten sich die Gruppen damals am Vorbild der Bayreuther Gruppe. Sie standen mit mir brieflich und telefonisch in Kontakt. Ganz frühe Gruppen lösten sich wieder auf, andere kamen neu dazu.

Köln und Trier

Die Kölner Gruppe wurde zunächst von einem engagierten Polizisten ins Leben gerufen, danach von einer betroffenen Arztwitwe abgelöst. In Trier hatte sich ebenfalls eine Arztwitwe schon sehr früh mit einem Pater zusammengetan und Zusammenkünfte organisiert. Als der Pater wegging, konnte sie allein es nicht mehr schaffen.

Hamburg und Duisburg

In Hamburg hatte ich intensiven Briefwechsel und Telefonkontakt mit einer Doppelt-Betroffenen (Sohn und Ehemann). Die Gruppe konnte sich aus verschiedenen Schwierigkeiten nur kurz etablieren. In Duisburg hatte eine sehr rührige betroffene Mutter eine Gruppe aufgebaut, die sich nach Ablegung der Trauer auflöste, wo aber die Gruppenteilnehmer nach wie vor untereinander noch Kontakte pflegen und sich gegenseitig beistehen.

Ansbach
In Ansbach hatte sich eine schwer geprüfte Betroffene zur Gruppengründung entschlossen, nachdem sie selbst einen Suizidversuch hinter sich hatte und dem Leben wieder zurückgegeben war, obwohl sie auf den Schienen beide Beine verloren hatte.

Emsdetten und Dortmund
In Emsdetten hatte eine Betroffene Ärger mit der einschlägigen westfälischen Presse. Sie hörte von einem angesprochenen Pressemann, er wolle keinen Hinweis auf AGUS bringen, das Thema sei ihm zu heikel. Sie ließ allerdings mit einer Beratungsstelle nicht locker. Im Raum Dortmund warten viele Betroffene schon lange Jahre auf eine AGUS-Gruppe. Später entstand eine Gruppe unter der Leitung von Jürgen Jakob.

Hof
Auch in Hof entstand eine AGUS-Gruppe unter **Silke Flinzner**. Mir imponiert die große Beharrlichkeit von Betroffenen, wie in diesem Fall. Ihr Versuch in ihrem Wohnort Selb ist gescheitert und so wandte sie sich an die AOK Hof und baute dort eine Gruppe auf.

Bremen
Sehr selbstständig arbeitete die Gruppe in Bremen, wo sich eine betroffene Mutter in der Leitung mit einem Pfarrer zusammen tat.

Landshut
Engen Kontakt mit Bayreuth hielt **Werner Kühnert** in Landshut. Er forderte als erster unsere Ausstellung an und hat sich sehr für die Vernetzung der AGUS mit anderen Organisationen, wie z.B. "Verwaiste Eltern" in seiner Region, auch für Schulprojekte mit dem Ziel der Suizidverhütung eingesetzt. Solche Motoren brachten die AGUS-Organisation voran und ich bin sehr froh, dass sie sich alle aus den Reihen der Suizid-Betroffenen gefunden haben.

Mit Städten in den neuen Bundesländern hatte ich Kontakte, z.B. mit Dresden und Erfurt. Doch damals war es schwierig, dort Gruppen zu gründen. Inzwischen haben sich auch dort Gruppen etabliert.

7. Was Betroffene bewegt

Aus dem Leidensdruck der Menschen, die sich bei mir meldeten, erkannte ich fast immer die Befreiung, die sie empfanden, wenn sie mit einem gleichfalls Betroffenen über ihre Not reden konnten. Viele Telefonate dauerten bis zu zwei Stunden. Die Menschen waren mitunter tief enttäuscht von Therapie und Beratung durch professionelle Helfer. Der Satz "Der versteht mich ja doch nicht, der hat's nicht selbst erlebt!" kehrte immer wieder. Oder "ich sollte reden, ich konnte nicht!" Frustriert waren sie, wenn sie - nur mit Medikamenten versorgt - bei manchen Ärzten keine Zeit und keine Gesprächsbereitschaft fanden. Dann fühlte ich mich in meiner Idee einer Selbsthilfegruppe immer wieder bestätigt, weil Betroffene hier unter ihresgleichen freier reden konnten und in ihrer seelischen Not aufgefangen wurden. Das schließt Einzeltherapien bei Fachärzten nicht aus, wo sie nötig sind, auch Kuren in psychosomatischen Kliniken.

Gefahr von Folge-Suiziden

Aber AGUS kann ein Halt sein und womöglich Folge-Suizide von Angehörigen verhindern. Das Risiko dazu ist erwiesenermaßen in dieser Personengruppe (englisch survivors genannt) sehr groß. Dazu das Beispiel aus einem Brief aus Krefeld: *"Einen Trost behalte ich im Hintergrund für mich, wenn es nicht mehr geht, gar nicht mehr, hoffe ich endlich auf den Mut, es selbst zu machen."*

Eine andere Betroffene, die ihren Mann durch Schienentod verlor, ertrug die Zerstrittenheit und Schuldzuweisungen nicht mehr und wollte ihrem Mann auf die gleiche Weise nachfolgen. Sie saß schon auf den Schienen, aber der Zug fuhr gottlob auf einem anderen Gleis ein. Da dachte sie wieder an ihr Kind. Das war, bevor sie auf AGUS aufmerksam wurde.

Zur Verdeutlichung der Hilferufe, die mich erreichten, einige Zitate von Suizid-Hinterbliebenen: „Mein Leben war nach seinem Selbstmord ein einziges Chaos. Ich komme mir wie aussätzig vor. Die Vergangenheit holt mich dauernd ein. Die üblichen Reden 'Die Zeit heilt alle Wunden' haben mich noch verschlossener gemacht."

Eine 20jährige schreibt sehr treffend über ihre Gefühle: *"Mein Bruder, gerade 15 Jahre alt geworden, hat im Mai 1990 für sich den Freitod durch Erhängen gewählt. Ich hatte das Los gezogen und ihn entdeckt. Seitdem hat sich mein Leben völlig verändert. Der Schock und der*

Schmerz sitzen tief. Die Gefühle von Traurigkeit, Einsamkeit, Schmerz, Enttäuschung, Ratlosigkeit und vor allem das Gefühl versagt zu haben, erfüllen mich seitdem. Zuerst hatte ich gar keine Gefühle. Doch dann kamen sie! Und nun tanzen diese Gefühle ganz intensiv in meinem Bauch umher, und das ist schwer mit meinem Verstand zu vereinbaren (...) So kommt es halt vor, daß mir immer noch die Angst und der Schreck im Körper sitzen."

Dieses junge Mädchen, eine Krankenschwester, kam erstmals mit ihren Eltern ins Gespräch über den Suizid des Bruders, als das Fernsehen anrief und sie fragte, ob sie in einer Sendung mitwirken wollte. Sie willigte ein. Das Familiengespräch kam also erst nach drei Jahren nach dem Tod des Bruders bzw. Sohnes zu Stande.

Wenn Angehörige nicht Abschied nehmen durften

Meist wird Angehörigen von der Polizei oder den Bestattungsunternehmen geraten, den Toten nicht mehr anzusehen, auch wenn dieser nicht entstellt ist. Diese Angehörigen leiden besonders intensiv und lange, weil sie nicht Abschied genommen haben. In solchen Fällen sollte die Möglichkeit geprüft werden, Fotos der Polizei noch nachträglich zu sehen. Vor einiger Zeit begleitete ich eine Angehörige, deren Mann sich erhängt hatte, zum Bestattungsunternehmen. Ich hatte vorher bei einem Anruf erfahren, dass der Mann im Tod sehr friedvoll aussah, und für die Ehefrau war es eine große Erleichterung, dies zu sehen und ihre Vorstellung, dass der Mann unter großen Qualen gestorben sei, revidieren zu können.

Beim Schienentod wird das Verhalten der Polizei am ehesten verständlich. Diese Todesart ist für Angehörige zudem besonders schwer zu verkraften, ist doch noch ein weiteres Opfer mit einbezogen, nämlich der Lokomotivführer, der ihnen in der Regel unbekannt bleibt, mit dem sie zwar oft gern Kontakt aufnehmen möchten, aber die Scham hindert sie daran. Hier müsste ein Kontakt hergestellt werden und ein gegenseitiges Verstehen beider Opfer-Parteien möglich sein.

In der Oberpfalz besuchte ich eine 44jährige. Ihr Mann hatte sich zwei Jahre zuvor nicht weit von der Wohnung auf der Schiene das Leben genommen. Weder sie noch ihre erwachsenen Kinder waren fähig, zu der Stelle hinzugehen. Ich begleitete sie zum Bahndamm. Dort standen wir lange und sprachen von ihrem traumatischen Erlebnis, dass ein Bekannter, der ihren Mann identifizieren musste und von dem sie Näheres darüber erfahren wollte, nur immer wiederholte: *"Ich sage nichts!"* Diese Witwe litt unter den unglaublichsten Vorstellungen. Sie wollte auch den betroffenen Lokomotivführer sprechen, ihm ihr Schuldbekenntnis vortragen. Sie erkundete seinen Namen, aber er war 14 Tage vorher gestorben. Immerhin hatte sie etwas getan, um aus der dumpfen Trauer herauszukommen.

Umgang mit Kindern nach einem Suizid

Einen sehr breiten Raum nahmen immer wieder der Umgang mit Kindern nach einem Suizid in der Familie und auch die evt. daraus folgernden Erziehungsschwierigkeiten mit Kindern ein. Das Trauma "Suizid" verunsichert meist die gesamte Familie. Auch weiß man oft wirklich nicht mehr, ob für ein Kind der Suizid einen ebenso großen Stellenwert einnimmt und sich nun automatisch alle Erziehungsprobleme davon ableiten. Fokussiert man also als Betroffener zu viel oder doch zu wenig auf das Problem, das das Kind mit dem Suizid haben könnte? Angst vor Nachahmung führte oft zu Überbehütung. Angst, den unwissenden Kindern die Wahrheit zu sagen und vor allem den Zeitpunkt der Erklärung richtig zu bestimmen, stellten stets ein großes Problem dar. Da war der Austausch von Erfahrungen innerhalb der Gruppe besonders gefragt. Solange noch Stigmatisierung und Tabu auf diesem in der Gesellschaft geächteten Tod liegen, haben es beispielsweise Erzieher besonders schwer und wandeln den Suizid gern in den berühmten "Unglücksfall" um. Die AGUS hat jedoch immer für die Wahrheit plädiert, dem Alter des Kindes angemessen, um späteren Enttäuschungen vorzubeugen. Das Kind hat nämlich spätestens dann sein Vertrauen zu den Eltern verloren, wenn es erst von Außenstehenden die Wahrheit erfahren muss. Auslöser einer solchen Diskussion war z.B. die phantasievolle Aussage eines Kindes: "Der Onkel war an einen Baum gefesselt."

Unser Vorsatz ist: "Mit der Wahrheit umgehen!" Längst hatte ich erkannt, dass ich 1963 beim Suizid des Vaters meiner beiden Kinder einen großen Fehler gemacht hatte. Meine damals 5jährige Tochter hat ihren toten Vater nicht gesehen, wurde auch nicht zur Beerdigung mitgenommen. Ihr wurde die Wahrheit vorenthalten. Ich hatte mich der Verwandtschaft und ihrer Ansicht gebeugt, dass das Kind noch zu klein und überfordert wäre. Selbst im Sarg war der Vater jedoch gut anzusehen. Ich war verunsichert und traurig und schickte mein Töchterchen zu einer Freundin ins Nachbarhaus zum Spielen. Meinem 10jährigen Sohn allerdings antwortete ich auf seine Fragen wahrheitsgemäß und nahm ihn zur Beerdigung mit. Der Vorgang schmerzt mich heute noch wegen meiner damaligen Unwissenheit und Hilflosigkeit. Damals folgte ich dem Grundsatz: *"Nur keine schlafenden Hunde wecken."* Irmchen durfte von ihrem

Vater keinen Abschied nehmen. Ich glaube, dass irgendwann die Zeit kommen würde, um alles mit ihr zu besprechen. Als ich dann in ihrer Pubertätszeit das offene Gespräch mit ihr suchte, reagierte sie sehr enttäuscht. Sie machte mir den Vorwurf, dass ich ihren Bruder bevorzugt habe.

Der Angst, Kinder könnten den Suizid einer geliebten Autoritätsfigur als Vorbild nehmen, können wir nur mit Offenheit begegnen. Oder auch, um es mit Paul Watzlawik zu sagen, im Vermeiden eines Problems verewigen wir es in Wirklichkeit. Für unsere Kinder ist dies ein verhängnisvolles Erbe: verheimlichte Grundprobleme in einer Familie sind für manche später ein schweres Reisegepäck, das umso schwerer wiegt, je unklarer der wirkliche Inhalt des Bündels ist, den die Vorfahren dem Kind da schnürten. Das offene Gespräch ist nicht nur Nachsorge, sondern auch Vorsorge nach dem Grundsatz: *"Ich weiß, dass ich nicht das Leben beenden muss, um dieses Leben zu beenden. Ich kann mein Leben verändern."*

Probleme verstehen, die zum Suizid führten

Ein verlassener Ehemann beklagte das Verhalten seiner Frau ohne jeden Abschied oder ein Signal mit den Worten: *"Dass mir so etwas passieren muss, das hätte ich nie gedacht, bei so viel aufgebautem Wohlstand."* Einen schweren Unfall konnte er verkraften, nicht aber die Tat seiner Frau. Der Erklärungsdruck bleibt sehr lange bestehen. Mosaiksteinchen werden immer wieder im Gruppengespräch gefunden und zusammengef[ügt], um ein besseres Bild vom Geschehenen zu bekommen.

M[…] erfuhren erst in der Gruppe, was Süchte bewirken können. Eh[…] [nicht erkennbar] n hatten meist nicht ihre Rolle als CoAlkoholikerin erkannt. Ak[…] rt werden müssen Gründe wie Arbeitsplatzverlust, Einsamkeit, Sin[…] e, Alkoholmissbrauch, Abhängigkeit von Medikamenten, und Dr[…] cht. Vor allem die Depression mit ihrer oft unerkannten Ge[…] hkeit für Betroffene, häufig auch unerkannt von Ärzten, müssen als[…] heit angenommen werden. Was lange als Vertrauensbruch ge[…] worden war, wurde nun verstehbar.

W[…] ermittlung zeigte sich als die beste Aufklärung für Suizid-
B[…] . Die meisten hatten sich vor ihrem Schicksalsschlag nie
n[…] iizidproblematik befasst. Deshalb standen sie lange unter
S[…] rehten sich danach immer im Kreis mit der Frage nach
d[…] um".

Trauerreden ohne Trost

Angehörige, die der Kirche nahe stehen, gehen von der These aus: "*dieser Tod ist nicht Gottes Wille*". Wir sprachen dann über die Traueransprachen und stellten fest, dass viele Geistliche hilflos reagierten und nicht fähig waren zu trösten. Eine Witwe berichtete unter Schluchzen, dass der Pfarrer bei der Beerdigung ihres Mannes gesagt hatte: "*Es gibt einen Eingang, aber zwei Ausgänge. Der eine führt in das ewige Verlorensein!*" Es wird noch heute von Verdammnis, Fegefeuer und Teufel gesprochen. Ist der Pfarrer unbekannt, läuft die Grabrede ziemlich unpersönlich und trostlos ab. Natürlich gibt es auch trostreiche Worte, da, wo der Geistliche den Toten kannte. Eine Mutter lobte am Telefon den Ausspruch einer Pfarrerin am Grab des Sohnes, der sich vor die Lokomotive geworfen hatte: "*Er hat sich Gott entgegengestürzt.*" Aus Angst vor seelischen Verletzungen bestellen Angehörige gerne freie Trauerredner.

Condolationen ohne Hilfe

Die besondere Art der Suizidtrauer stellte sich nach dem Bekanntwerden der Todesart in der hilflosen Art der Condolation ein. Da merkten die Suizid-Angehörigen rasch die Ausgrenzung am Verstummen und dem "Aus-dem-Weg-gehen". Häufig und gerade in ländlichen Regionen fühlen sie sich noch immer bestraft durch Ausgrenzung, bedingt durch das Tabu, das auf dem Suizid lastet und der sich daraus ergebenden Sprachlosigkeit. Dabei wäre für alle das Sprechen über den Suizid das offene Bekennen der Trauer. Das Unfassbare wird so noch unfassbarer und führt in die Isolation.

Anklage Vertrauensbruch

Über Vertrauensbruch klagten die meisten Erwachsenen, wenn sie berichteten, dass der geliebte Mensch doch mit ihnen hätte reden können, als es ihm so schlecht ging. Manche standen so unter Schock und waren unfähig, zur Beerdigung mitzugehen. Schuld daran war so gut wie in allen Fällen die auch von Ärzten unerkannte Depression der Verstorbenen. Muss dann nicht eine Äußerung von Freunden einen Stich ins Herz geben, wenn sie z.B. einer jungen Witwe sagen: "*Ich hätte das gemerkt, wenn es meinem Partner so schlecht geht.*"? Die junge Arztwitwe sagte in der Gruppe, dass sie zu einer Antwort unfähig war. Was musste eine betroffene Anruferin aus Hollfeld Schlimmes erlebt haben, dass sie trotz meiner Ermutigung sich überhaupt nicht traute, in die Gruppe nach Bayreuth zu kommen? Sie sagte nur immer wieder: "*Die Menschen sind ja so schlecht!*"

Suizid und Verbrechen

Doppelt traumatisiert wurde eine Mutter aus Oberfranken. Ihr Sohn nahm sich das Leben, danach wurde ihm ein Bankraub angelastet, der kurz vorher in der Region begangen wurde. Ein halbes Jahr ist sie Spießruten gelaufen unter den Blicken der Bürger. Dann war der wahre Täter gefunden. Hier passte in den Augen der braven Leute scheinbar alles zusammen: Selbstmord ist gleichzusetzen mit einem Verbrechen, und ein Bursche, der offenbar so viel kriminelle Energie als Ursache für seinen Selbstmord besitzt, muss wohl auch den Bankraub begangen haben... Die Mutter musste unter alten Vorurteilen leiden: "Selbstmörder müssen doch Verbrecher, Angehörige müssen Mittäter sein."

Schreiben und Offenheit als Trauerbewältigung

Einige Suizid-Betroffene schreiben ihre Gefühle und Erlebnisse auf, eine gute Methode zur Trauerbewältigung. Austausch und Anregung durch Literatur ist oft sehr hilfreich.

Nur wenige Betroffene gehen so offen mit ihrer Trauer um, wie diese Mutter, die in einer Anzeige in der FAZ schrieb: *"Heute vor acht Jahren nahm sich meine Tochter Undine das Leben. Sie fehlt mir unendlich."* Anne Kinner

Jugendsuizid und die biologischen Ursachen

So atmeten z. B. Eltern von durch Suizid gestorbenen Jugendlichen auf, als sie in einer Studie aus England die Forderung vernahmen, daß man nicht mehr die Familien verantwortlich machen dürfe für diese furchtbare Tragödie, die ihr Leben vollkommen verändert hat. Die Forschung solle sich mehr den biologischen Ursachen zuwenden, dem veränderten Wachstumshormonspiegel etc.

Die Antwort auf den Jugendlichen-Suizid sollte man im Labor im physiologischen, chemischen Ungleichgewicht suchen. Dann würde ein großer Teil des Stigmas wegfallen, zumal die Eltern, die an der Studie mitwirkten, ihren Kindern ein stabiles, liebevolles und glückliches Zuhause gaben, ihren Erziehungsauftrag ernst nahmen. Solche unglücklichen Eltern sind zahlreich in der AGUS vertreten, sie warten auf neuere Ergebnisse aus den USA. Doch auch unsere Gesellschaft und die Politik tragen Verantwortung: Mir sind Fälle bekannt, bei denen Jugendliche explizit den Golfkrieg und die ökologische Bedrohung als Ursache für ihren Suizid angegeben hatten.

Bei der Vielfalt der Themenstellung, die von den Betroffenen selbst ausgeht, bedarf es bis jetzt keiner besonderen Struktur. Unsere Gruppenzusammenkünfte erfordern den breitesten Raum für den mitgebrachten Erklärungsdruck. Die Teilnehmer haben das Bedürfnis nach ungehemmtem Redendürfen, nach Trost durch Anhören der anderen ähnlichen Schicksale. Und dafür ist die AGUS das geeignete Instrument. Sie leistet als Ergänzung zur Betreuung durch Ärzte und Psychologen wertvolle Arbeit, die nach einem Suizid so bitter nötig ist. Und nebenbei hilft sie dem Bundesgesundheitsministerium bei seinem Sparmodell!

Schuldzuweisungen

Wir stellten immer wieder fest, dass die Schuldzuweisungen von außen die eigenen Schuldbezichtigungen der Angehörigen massiv verstärkten. Fast immer zeigte sich im Gegensatz zum so genannten "normalen" Tod, dass es beim Suizid keinen Mitleidsvorschuss gab, im Gegenteil: Es war eher ein "Schuldvorschuss", aus der Tradition geboren nach dem Grundsatz "Es ist nicht Gottes Wille." Das habe ich Hunderte Male gehört. "Mein Kind wollte leben, Deines nicht!" musste sich eine Mutter in einer allgemeinen Trauergruppe anhören.

Belastend sind vor allem die Schuldvorwürfe der eigenen Verwandten. *"Obwohl der Freitod meines Mannes schon fast 26 Jahre zurückliegt, ist es für mich sehr schwer und auch belastend - Bier und Alkohol - ... Das Schlimmste waren die Anschuldigungen der Angehörigen meines Mannes, z. B. ein Brief mit einem großen Kreuzzeichen und der Schrift dazu: 'Es ist vollbracht!' Ich war so voller Not und Leid, dass ich nach Jahren noch Weinkrämpfe bekam, wenn ich gefragt und angesprochen wurde. – Die Kinder wissen von der Tragik, aber das war nie ein Thema bei uns, und wir sprechen auch jetzt nicht darüber."*

Eine Witwe berichtet von ihren ehemaligen Schwiegereltern. *"Der Schwiegervater hat Morddrohungen gegen sie ausgesprochen. Seitdem geht sie mit der Pistole auf den Friedhof, um sich notfalls wehren zu können."*

Eine andere junge Witwe erzählte, dass jemand auf dem Friedhof sie angespuckt habe. Ihre Schwiegereltern klagten das Erbe des toten Sohnes ein, der Richter gewesen war. Ist die Schwiegertochter unerwünscht gewesen, so läuft die Denkweise der Herkunftsfamilie des Toten nach folgendem Muster ab: *"Sie hat ihren Mann unglücklich gemacht, deshalb hat er sich umgebracht! Sie allein ist schuld an der Schande!"*

Übersehen wird bei solchen Schuldzuweisungen oft, dass nicht selten eine Sucht, meistens Alkoholismus, dem Suizid vorausging. Führerscheinentzug, sozialer Abstieg, Schulden etc. führen dann die "Unehre" herbei, der sich der Betroffene nur noch durch Suizid meint entziehen zu können. Dass Alkoholismus eine Krankheit ist und sehr komplexe Ursachen hat, wollen Angehörige, die einen Schuldigen suchen, nicht sehen.

Mit verletzenden Äußerungen umgehen

AGUS versucht die Betroffenen nicht nur aus ihrem tiefen Loch herauszuholen, sie macht sie auch mutig, sich gegen Verleumdungen zu wehren. Ein Beispiel dazu aus Oberfranken: Frau W. geht am Ewigkeitssonntag mit ihrer Mutter zum Grab ihres Mannes. Am Nachbargrab stehen zwei Frauen und schauen auf das Grab. Sie erkennen nicht die Angehörigen. Frau A.: "Das Grab hat sie aber schön gemacht!" Frau B: *"Sie hätte lieber gut zu ihrem Mann sein sollen, dann wäre er jetzt noch am Leben!"* Darauf schrieb die AGUS-Angehörige Frau W. folgenden Brief: *"Sehr geehrte Frau..., Ihre verletzenden Äußerungen am Grab meines Mannes habe ich zur Kenntnis genommen. Seien Sie versichert, dass wir, d.h. meine Kinder und ich, uns gegen solche Verleumdungen zu wehren wissen."*

Durch die Gruppenarbeit wurden die Teilnehmer selbstbewusster. Sie sagen: *"Wir sind keine Verbrecher. Wir müssen uns nicht verstecken!"* Auch haben sie den Mut gefunden, wenn notwendig, Leserbriefe zu verfassen. Im Coburger Tagblatt schrieb ein Journalist eine Meldung über einen Mann, der gerade seinen Arbeitsplatz verloren hatte und deshalb einen Suizidversuch unternahm. Er bezeichnete den geplanten Sturz vom Hochhaus als "Freiluftakrobatik". Gruppenteilnehmer der AGUS reagierten entsprechend mit einem Leserbrief gegen diese verletzende Bezeichnung.

Warum hat er sich mir nicht anvertraut?

Er sagte: *"Es ist doch nichts so schlimm, als dass man nicht darüber sprechen könnte, es gibt immer einen Ausweg. Dann hat er es selbst gemacht."* Bis heute kann die 40jährige Witwe den Suizid ihres Mannes nicht verstehen und fühlt sich in ihrem Vertrauen zu ihm getäuscht.

Ein 51jähriger Landwirt aus Niedersachsen hasst seine tote Frau, geht nicht zum Grab, will keinen Grabstein setzen. Er versteht nicht, dass sie nichts von ihrem Suizid-Vorhaben gesagt hat. Er fragt: "Bin ich noch normal bei soviel Wut und Hass? Warum hat sie mich im Stich gelassen? Sie wollte mir einen Denkzettel verpassen." Die vier Kinder dürfen beim Essen nicht von der Mutter sprechen, die sich mit Tabletten vergiftet hat.

Dennoch findet man immer die Frage nach dem Warum, die Suche nach einer Erklärung für den unerklärlichen Schritt. Quälend dreht sich die letztlich nicht zu beantwortende Frage stetig im Kopf, wie bei einer Betroffenen, die mir schrieb: *"Ich möchte versuchen zu erfahren, was in einem Menschen vorgeht, diesen Schritt zu machen, den er immer verworfen hat."*

„Ich bin mitschuldig am Suizid!"

"Ich muss wohl eine schlechte Mutter gewesen sein!" sagte eine Mutter, als sie das erste Mal in die Gruppe kam, nachdem sich ihr 17jähriger Sohn einen Monat zuvor erhängt hatte. Real ist das Gegenteil der Fall.

Eine andere Mutter, die ihr Kind durch Suizid verlor, und durch Inserat eine ebenso betroffene Mutter kennenlernen will, mit der sie schon Zeit und Ort ausgemacht hat, ruft mich an, weil sie plötzlich eine große Berührungsangst überkommt. Sie fragt, wie sie sich beim Treffen verhalten soll. Später erklärt sie mir in einem Brief: "Ich wurde voll gestopft mit Religion in der Jugend. Alle Menschen sind schlecht, nur Gott ist gut" war der Kernsatz. "Ich muss jetzt akzeptieren lernen. Natürlich sind die Eltern schuld am Suizid eines Kindes. Schuld ist etwas, mit dem ich leben muss, wie andere vielleicht mit Aids."

Mir fällt hier die These von der Drohbotschaft statt Frohbotschaft ein. Wenn Menschen in der Erziehung einen strafenden Gott und keinen liebenden Gott erfahren, werden sie bei einem Suizid in der Familie sich doppelt schuldig und bestraft sehen. Wie eine tödliche Krankheit verhindern solche Schuldgefühle dann den Weg zurück in ein gesundes Leben. So macht sich auch eine Rechtsanwältin große Vorwürfe, die ihren 35jährigen Bruder betrauert, weil sie seine großen Lebensängste nicht ernst genommen hat. Die Angehörigen dachten alle, obwohl ein Suizidversuch vorausgegangen war: "der Glaube wird ihn davon abhalten".

Einen Suizid ohne Depressionen gibt es nicht

Von dieser These ist der Wiener Psychiater und Suizidforscher Erwin Ringel zutiefst überzeugt. Schwere Depressionen bedürfen einer Behandlung, aber oft wird die Schwere dieser Krankheit von den Betroffenen nicht erkannt. Dazu fürchten sie sich vor dem Stigma, "verrückt" zu sein, wenn sie in ein Nervenkrankenhaus gehen. So gab es keinen Arztbesuch, keine Medikamente, keine Öffnung durch Gespräche. Die Betroffenen fühlten und äußerten nur *"Ich bin nicht in Ordnung - Ich kenne mich selbst nicht mehr."* Sie hatten Suizidphantasien, aber lehnten eine Behandlung ab: *"Ich will doch nicht in die Klapsmühle!"* Besonders in ländlichen Gegenden bleiben die Signale unbeachtet. Ein Vater, von Beruf Landwirt, sagte zu seinem 33jährigen Sohn, als dieser über große Müdigkeit klagt und dass ihm alles zuviel sei: *"Du bist jung und gesund."* Der Sohn, Vater zweier Kinder, wollte selbst nicht krank sein und erhängte sich.

Eine Bäuerin aus Hessen berichtete das Gleiche: *"In einem landwirtschaftlichen Betrieb mit harter Arbeit durfte keiner krank sein!"* Nach dem Suizid ihres Mannes zog sich die gesamte Verwandtschaft von ihr zurück.

Schuldzuweisungen gibt es selbst auch dann, wenn wie im Fall eines ehemaligen Polizisten, die Ehefrau diesen immer wieder ermuntert hatte: *"Tu endlich etwas! Geh zum Arzt!"* Nach der Selbsttötung des Ehemannes machte sich eine andere Witwe die größten Vorwürfe, dass sie nicht doch den Arzt bestellt hatte, als ihr Mann sie bat, ihm beim Aufschneiden der Pulsadern zu helfen. Da hatte sie ihn noch vom Suizid abbringen können, doch Wochen danach kam die Hilfe zu spät.

Vorurteile gegen Psychiatrie

Die Angst vor Stigmatisierung ist besonders groß bei Menschen in leitenden Positionen. Stellt ein Arzt die Diagnose: Depression oder Hormon-Stoffwechselstörung und rät zum stationären Aufenthalt in der Fachklinik, kommt beim Patienten sofort der Gedanke: *"Ich bin abgestempelt!"*, erzählte mir ein Arzt. Passiert ein Suizid nach einem Klinikaufenthalt, überträgt sich die Stigmatisierung des "Verrückt-Seins" auch noch auf die Angehörigen. Obwohl die Psychiatrie soviel moderner und erfolgreicher in den Heilmethoden geworden ist, unterliegt sie noch heute großen Vorurteilen. Leider!

Außenstehende können nicht ermessen, was es heißt, je nach Schweregrad eine Depression durchzustehen. Hierzu ein Abschiedsbrief: *"Lieber Lorenz, lieber Michael, liebe Gabi! Ich weiß, dass ich an endogenen Depressionen erkrankt bin, ich weiß, daß man sie nicht heilen kann, weil noch kein Mittel gefunden worden ist. Ich kann nichts dafür, daß ich plötzlich von der Krankheit befallen worden bin. Ich habe schon oft bittere Tränen geweint, ich kann nichts dafür. Gabi, ich hoffe, Du machst Deinen Weg. Michael, ich habe Euch alle so lieb gehabt. Seit*

Monaten ändert sich nichts an meiner Erkrankung. Ich werde von Tag zu Tag kränker. Wie soll ich das Leben meistern! Ich küsse Euch alle, und ich hoffe, dass wir uns wieder sehn. Eure unglückliche Mutter, tausend Küsse, die nichts dafür kann." Dieser Brief verdeutlicht die unsagbare Hoffnungslosigkeit und Verzweiflung dieser Frau. Gesunde können sich nicht in diese Finsternis hineinversetzen, in der nur der Tod Erlösung und Ruhe bringt.

Suizid häufiger bei Männern

Die meisten Suizide werden von Männern begangen. Gründe dafür mögen in der Verschiedenheit der Geschlechter liegen sowie eigene und äußere Leistungszwänge beteiligt sein. Besteht da nicht aber auch häufig eine Diskrepanz zwischen Wollen bzw. Müssen und Nicht-Können oder Nicht-mehr-Können? Das darf ein Mann aber nicht zugeben, weil das Rollenmuster dies nicht vorsieht.

Seine Kollegen sagten zu ihm (Polizist) *"Du schaffst das schon, so ein Kerl wie Du. Du brauchst doch nicht zum Arzt!"* Er wollte einfach nicht krank sein und sagte: *"Du brauchst keine Angst zu haben, ich mach' nichts!"* Ein Vater sagte über seinen toten Sohn: *"Er hatte einfach zu hohe Ansprüche an sich gestellt. Er konnte seine Grenzen, an die er stieß, nicht akzeptieren."* Eine Mutter über ihren Sohn: *"Er litt unter der Mittelmäßigkeit der Menschen!"*

Eine Witwe berichtete von ihrem Mann, der ein sehr sensibler, überaus engagierter Arzt gewesen war, daß er schon als junger Mann unter dem Gefühl litt, keine Daseinsberechtigung zu haben, weil er der traditionellen Männerrolle nicht entsprach. *"Hart wie Kruppstahl"* war die Devise der Großvätergeneration, keine Gefühle zeigen oder gar äußern. Ich habe mich deshalb auch nicht gewundert, als ich von einem hilflosen Therapeuten las, der in einem Männerzentrum in Frankfurt einem zusammenbrechenden Mann zurief: *"Reißen Sie sich zusammen, Sie sind doch ein Mann!"* Männer trauern auch anders, sie verdrängen. Wo es anders ist, stellt das für die Ehefrau und Familie eine große Hilfe dar.

Suizid und Schande

Bei einem Unfall nimmt man den Tod als Schicksalsschlag hin, aber bei Suizid? Nach Konkurs der Firma und Arbeitsplatzverlust stürzte sich ein Mann von einer Brücke. Seine Witwe ließ sich von ihrer Dienststelle versetzen aus Angst, darauf angesprochen zu werden. Sie absolvierte eine Kur und sprach auch da nicht über den Schicksalsschlag.

Eine Witwe aus Berlin, die mich anrief, berichtete mir von dem, was sie in Westpreußen, als sie sieben Jahre alt war, erlebt hatte. Da wurde der Sarg eines Selbstmörders über die Friedhofsmauer gehoben. Ihr Ehemann war nun auch ein Selbstmörder geworden und die Erinnerung aus der frühen Kindheit verletzte sie sehr.

Kirchentreue Christen leiden besonders unter Schande und Sünde. Da der Suizid durch alle Schichten geht, habe ich die Erfahrung gemacht, dass besonders in gehobenen gesellschaftlichen Schichten und höchsten Kreisen das Gefühl der Schande bleibt und die Zurückgebliebenen fast umbringt.

Auch wurde mir der Fall eines sehr hohen Offiziers bekannt. Die Witwe schüttete mir ihr Leid und die Enttäuschung am Telefon aus. Mit der Tat umzugehen wusste sie nicht, noch weniger ihr Sohn, ein Student, der so hohe Erwartungen an den Vater gestellt hatte und dann wütend gegen die Kränze auf dem Grab trat. Sie sah sich innerhalb ihrer Gesellschaftsklasse ausgestoßen und vernichtet und wollte keinen der AGUS-Betroffenen kennenlernen. So weit kann die Stigmatisierung des Suizids führen.

Flucht aus der Wohnung

Eine Witwe hat ihre Wohnung fluchtartig verlassen, in der der Suizid passierte. Sie schreibt: "Bei mir kommt noch hinzu, daß ich mein Einfamilienhaus verkauft habe und ganz schnell H. verlassen habe, aus Angst vor den Menschen. Nun wohne ich in Freiburg in der Nähe meiner verheirateten Tochter. Das Leben fern meiner geliebten Heimat ist mir zur Qual geworden."

Leugnung des Suizids

Im Münchner Raum lebt eine Witwe, die ihren Mann durch Herzinfarkt sterben ließ, obwohl er sich erschossen hatte. Der Arzt hatte den Totenschein nach ihrem und der Tochter Wunsch, welche in einer Lebensversicherung arbeitete, ausgestellt. Der Pfarrer fragte vor der Beerdigung in der Großstadt erst recht nicht nach der Wahrheit. Die Witwe jedoch leidet, denn die Menschen in ihrer Umgebung wissen um die Wahrheit. Nur keiner spricht darüber.

Eine andere Betroffene schlägt sich immer wieder mit der aufgebauten Lüge herum. Ihr Sohn nahm sich das Leben, warf sich vor den Zug. In der Zeitung stand "tragischer Verkehrsunfall".

Kurz nach Gründung der AGUS erhielt ich einen aufschlussreichen Brief. Der Verfasser setzt sich darin mit der Situation seiner Mutter auseinander und der gesamten Familie nach dem Tod seines Bruders im Jahr 1967. Er schreibt: *"Leider neigt meine Mutter zum Verdrängen. Jeder muss selbst damit fertig werden, das ist ihre Einstellung. Zuwendung holt sie sich dann über ihre Krankheiten. Heute weiß ich, daß das Problem unserer Familie die Unfähigkeit war und ist, Gefühle sich zu genehmigen und mitzuteilen, sowohl angenehme wie auch weniger angenehme. Es gab keine Auseinandersetzungen, nur Verstimmungen und ein In-Sich-Zurückziehen. Ordnung, Sauberkeit und nach außen einen guten Eindruck machen, das war wichtig."*

Eine Studienrätin ist sehr zornig. Ihr Ehemann, 39 Jahre, hatte sich erhängt. Ihr Vater, ein Pastor, nahm die Beerdigung vor und sprach von Herztod. Er wollte der Adoptivmutter des Toten einen Gefallen tun. Die Tochter fühlt sich von der Lüge verletzt. Ihr Kind war damals fünf Monate alt. Jetzt fragt es mit seinen vier Jahren nach dem Tod des Vaters, und die Mutter zögert nicht, ihm die Wahrheit zu sagen. Ist dies nicht besser, als wenn eine andere erschreckte Mutter ihrem 10jährigen Jungen den Suizid des Vaters dementiert, nachdem die Schulkinder es ihm erzählt hatten?

Zum Suizid erzogen?

Und nun das Gegenteil des Verdrängens: Eine 39jährige Witwe hat drei Kinder von 13, sieben und vier Jahren. Sie sagt von ihrem Mann: "Er ist zum Alkoholiker erzogen worden und auch zum Suizid. Sein Onkel hat es auch gemacht. Ihm wurde immer nur gesagt: Du endest so wie dein Onkel!" Sie nutzt jetzt als Mutter die Chance, den Teufelskreis zu unterbrechen, empfindet sich als Barriere gegen den familiären Fluch, sie möchte das letzte Glied dieser Kette sein. Sie sagt: "Der Suizid ist für mich kein Genproblem, sondern ein Sozialisierungsproblem."

Ich glaube, daß viele Selbsttötungen durch Weitergabe von Verhaltensmustern begangen werden, besonders bei Mehrfachsuiziden in den Familien. Deshalb scheint mir die Erkenntnis dieser zuletzt erwähnten Mutter von drei unmündigen Kindern so bedeutsam und wegweisend, im Gegensatz zu den oben geschilderten Formen der Verdrängung.

Suizidenten sind meist liebenswerte Menschen

Mit diesem Querschnitt von Zitaten und Berichten aus ganz Deutschland wollte ich die seelische Not der Angehörigen vermitteln. Von großer Wichtigkeit ist für sie jedoch auch, daß nicht nur sie verstanden werden, man ihnen nicht mit Argwohn begegnet, sondern dass auch ihre geliebten Toten nicht kriminalisiert werden. Man muss unterscheiden, wo wirklich ein Verbrechen der Auslöser für das "Sich-Selbst-Richten" war, wie es genannt wird. Auch da darf nicht verurteilt werden, sondern es muss die Verzweiflung gesehen werden. In hohem Maße gilt dies für den erweiterten Suizid, wo der Täter vorher noch andere tötete, für die er sich verpflichtet fühlte.

In den mir bekannten Fällen handelt es sich bei den Suizidenten meist um liebenswerte, sozial überdurchschnittlich engagierte, intelligente Menschen. Viele stammen aus Helferberufen. Meist waren diese Menschen überkorrekt und zeigten großes Verantwortungsbewusstsein, ehe sie in die Lebenskrise kamen und im Suizid den einzigen Ausweg sahen. Es tut den Hinterbliebenen besonders weh, wenn dann von Verantwortungslosigkeit, z. B. des Familienvaters gesprochen wird.

Hass und Wut auf den Suizidenten

Der Brief einer 29jährigen zeigt dies mit allen Gefühlen einer ohnmächtigen Wut: *"In mir sind die widersprüchlichsten Gefühle, teilweise echter Hass; warum hat er nie was gesagt? Warum hat er den coolen Managertyp gespielt und nie gesagt, dass er es nicht packt, nicht schafft? Er war doch immer derjenige, der so getan hat, als ob er alles locker packt, sich von nichts aus der Ruhe bringen lässt, und dann hängt er sich einfach auf! Im eigenen Haus und seine angeblich heiß geliebten Kinder schlafen genau unter ihm; neben ihm ist noch die Rennbahn, mit der seine Kinder spielen, und an den Seilen der Kinderschaukel hängt er sich auf. Wieso? Ich begreif das nicht! Und er ist sogar noch nicht mal in der Lage einen Brief zu schreiben. Er stiehlt sich einfach davon! Ohne Abschied, ohne Adieu!*

Da sind da wieder die Momente, wo ich denke, bin ich so ein Eisklotz, der nicht merkt, dass es seinem Partner schlecht geht, ja es nicht mal merkt. Bin ich so ein Egoist? Bin ich nicht normal, habe ich keine Gefühle? Bin im Endeffekt ich schuld, dass er es getan hat? Wollte er das normale tägliche Leben, das wir führten, nicht mehr? Nachdem ich den Brief von der Lebensversicherung bekam, die sagt, sie zahle nicht, da sein Selbstmord nach Lage der Dinge aus Motiven bestand (welche wissen sie auch nicht!) bzw. es Gründe gebe, wieso er es gemacht hat, dachte ich: Jetzt mach' ich auch Schluss! Aber da sind die Kinder, die mich brauchen, meine Eltern, die mir helfen und auch zum Teil echte Freunde; ob ich jedoch jemals wieder in der Lage bin, ein normales

Leben zu führen, bezweifle ich stark. Mir ist manchmal alles so gleichgültig. Seit Uwe sich umgebracht hat, ist keine Sekunde vergangen, ohne dass ich daran gedacht habe. Es ist einfach unbegreiflich. Ich hoffe, Sie verstehen meine Gefühle, weil ich selber schäme mich, dass ich solchen Hass und solche Wut auf einen Toten haben kann, den ich bis zur letzten Stunde seines Lebens über alles geliebt habe und glaubte, die Liebe beruhe auf Gegenseitigkeit. *Veronika V."*

Als mich diese Betroffene anrief, verstand ich kein Wort, so heftig weinte sie während des ganzen Gesprächs, gerade dass ich noch ihre Adresse notieren konnte. Bei dieser Mutter von drei Kindern, sechs, fünf und drei Jahre alt, ist Krisenintervention das höchste Gebot. Voraussichtlich wird sie lange brauchen, bis sie, wie eine andere Angehörige, von sich sagen kann: *"Meine Traurigkeit ist ruhiger geworden, nicht kleiner, einfach ruhiger. Ich werde nicht mehr ausschließlich von ihr beherrscht!"*

Suizid - ein normaler Tod!

Alle Angehörigen nach Suizid sollten die Möglichkeit haben, den Suizid anzunehmen wie den normalen Tod. Durch die vorherrschende Tabuisierung und gesellschaftliche Stigmatisierung ist das eine schwere, manchmal lebenslängliche, oft nie zu lösende Aufgabe. Die AGUS wurde gegründet, um Angehörigen dabei zu helfen.

Wir werden Suizide nie verhindern können, aber die große Zahl durch Aufklären, Hinhören, Hinsehen, vor allem durch Offenheit vermindern. Das wäre innerhalb der Angehörigenarbeit Nachsorge und Vorsorge zugleich. Für diese Offenheit tritt die AGUS ein. Wir wünschen, dass Angehörige nicht mehr zu sagen brauchen: *"Wenn ich darüber spreche, werde ich fallen gelassen wie eine heiße Kartoffel"*, oder, wie eine Frau aus Ostdeutschland, die Menschen in zwei Kategorien einteilt - in solche, *"denen ich von meinem Schicksal erzählen kann und solche, denen nicht. Das ist schwere geistig-seelische Arbeit"*.

Dann wird auch ein Ausspruch hoffentlich nicht mehr getan werden, den ein Elternpaar in Bezug auf seinen jugendlichen Suizidtoten zu hören bekam: *"Um einen Selbstmörder trauert man nicht!"* Selten wird den trauernden Angehörigen nach Selbsttötung der Mitleidsvorschuss zuteil, den gerade sie in ihrer unverschuldeten Not verdienen. Gut wäre deshalb, es würde das schreckliche Wort "Selbstmord" aus unserem Sprachgebrauch verschwinden; denn "Mord" setzt eine niedrige Gesinnung voraus, sie trifft Tote wie Angehörige gleichermaßen.

Unwort „Selbstmord"

Es gab so gut wie keinen Bericht, keine Sendung, wo AGUS nicht gegen diese die Angehörigen diskriminierende Bezeichnung „Selbstmord" vorging. **Werner Kühnert** aus Landshut hat dieses Wort einmal als „Unwort des Jahres" bei der Uni Frankfurt vorgeschlagen. Im Gruppengeschehen haben wir deshalb auch stets den unpassenden und hässlichen Begriff vermieden. Kann man denn nicht „Suizid" aussprechen, so wie man das mit „Mukoviszidose" schafft? Diese Frage habe ich einmal in einer Fernsehsendung in Berlin gestellt. Noch einmal muss ich eine Liveübertragung erwähnen, unter der ich besonders gelitten habe. Bei „Schreinemakers" war außer „Gründerin der AGUS" unter meinem Bild auch noch „Frau eines Selbstmörders" eingeblendet. Diese so genannte „Bauchbinde" war bei der Live-Sendung vergessen worden zu streichen. Am nächsten Tag sagten Bekannte in Nordrhein-Westfalen, wo ich eingeladen war, meinen Besuch ab. Das Ehepaar war über Nacht krank geworden; sie sprachen auch nie mit mir über die Sendung oder den Inhalt der AGUS-Arbeit. Das gesamte Thema wurde bei jeder Begegnung ausgespart. Das tat weh, aber wie sollte ich mich dagegen wehren?

Bezeichnend ist auch folgender Dialog: In einem Streitgespräch zweier Ehepartner nahm der Mann seine geschiedene Partnerin in Schutz und sagte: *„Sie war ein Engel gegen Dich! Sie war immer ruhig!"* Darauf die Antwort der Frau, die ihren Mann durch Suizid in schwerer Depression verloren hatte: *„Deshalb ist Dir Dein Engel auch weggeflogen."* Darauf wieder er: *„Du und Dein Selbstmörder!"* Obwohl es sicher nicht so böse gemeint war, hat die Frau das doch als Schimpfwort und Beleidigung aufgefasst und nie vergessen. Der Mann kannte halt kein anderes Wort. Ist es nicht höchste Zeit, dass dieses Wort aus unserem Sprachgebrauch verschwindet, damit wenigstens sprachlich zusätzliches Leid vermieden wird? Anders verhält es sich allerdings mit den „Selbstmord-Attentätern". Hier erscheint mir das Wort angemessen, denn es werden mit dem eigenen Mord andere Unschuldige ermordet.

"Unwort des Jahres"

„Frau eines Selbstmörders"

Vorwurf: „Du und dein Selbstmörder"

Sonderproblem: „Selbstmordattentäter"

Aus Briefen von Betroffenen

„Ein Welt brach zusammen"

„Ich wollte selber nicht mehr leben"

"Keiner kann mich verstehen!"

„Endlich konnte ich reden mit Menschen, die das gleiche Schicksal teilten"

„Ich habe wieder gelernt zu 'leben'"

„Suizid vor 32 Jahren"

"Am 18. Dezember 1989, sechs Tage vor Weihnachten, nahm sich mein Mann im Alter von 47 Jahren das Leben. Für mich und meine zwei Kinder brach eine Welt zusammen. 24 Jahre hatten wir glücklich miteinander gelebt, hatten noch so viele Träume und Pläne. Unvorstellbarer Schmerz, unsägliche Trauer gepaart mit an Selbstzerfleischung grenzenden Schuldgefühlen bestimmten von nun an mein Leben. Pfarrer und Arzt standen meinen emotionalen Ausbrüchen hilflos gegenüber. Die Trostversuche und gut gemeinten Ratschläge von Verwandten und Bekannten konnten die Mauer, die ich um mich errichtet hatte, nicht durchbrechen. Ich konnte und wollte niemand an mich heranlassen, habe jeden Versuch von Hilfe brüsk zurückgewiesen, wollte selber nicht mehr leben. Denn, so meine Gedanken, keiner kann mich verstehen, keiner weiß, wie das ist.

Wie ein Zeichen des Himmels erschien mir daher der Artikel in meiner Tageszeitung Anfang 1991, mit welchem angekündigt wurde, dass Sie beabsichtigten, eine Selbsthilfegruppe für Angehörige von Suizidenten ins Leben zu rufen. Und so kam ich zu AGUS. Endlich, endlich konnte ich frei und ungezwungen über das reden, das mich so sehr bedrückte und belastete. Ich war ja nun unter Leidensgenossen, die alle das gleiche schwere Schicksal teilten. Durch intensive Gespräche und Diskussionen - teils auch unter Einbeziehung von Fachärzten und Pfarrern - konnten manche Sorgen und Nöte der Betroffenen gelindert werden und vieles, das mir bis dahin unerklärlich und unbegreiflich war, konnte ich nun verstehen. Durch die Hilfe, die mir von AGUS zuteil wurde, habe ich wieder "leben" gelernt, denn wirkliche Hilfe kann nur der geben, der vom gleichen Schicksal betroffen ist." **E. W.**

"Durch die Arbeit der AGUS konnte ich die Ursache meiner Psychose und meine Suizidgedanken verarbeiten. Feststellen möchte ich, dass dies nur im Rahmen der Selbsthilfegruppe AGUS geschehen konnte. Profis konnten mir in meinem Leid nicht weiterhelfen. Ihr Verständnis reicht nicht so weit, um die Verletzung durch Suizid des Vaters wirklich zu verstehen. Betroffene haben ein weit tieferes Verständnis dafür. Durch die Reaktion der Gruppe kam es dazu, dass ich meinem Vater, welcher sich vor 32 Jahren das Leben genommen hat, verzeihen konnte. Nochmals herzlichen Dank für Ihre Arbeit bei der AGUS. Ich wünsche Ihnen weiterhin viel Geduld und Mut für diese schwere Arbeit." **B. Sch.-W.**

"Profis konnten mir nicht weiterhelfen"

"Wenn ich an die Wochen nach dem Tod meines Sohnes denke, kommt mir erst jetzt zu Bewusstsein, wie die Leute in meiner Umgebung sich verhalten haben. Mit meinen näheren Kollegen kann ich gut sprechen, eine Kollegin, die mir bis jetzt nicht nahe stand, hat angeboten, mit mir zu Mittag zu essen. Die Nachbarn waren entweder auf der Trauerfeier oder haben für einen guten Zweck gespendet. Eine direkte Nachbarin hat gesagt, ich solle sie mal besuchen, eventuell auch mit meinem Mann. Ansonsten telefoniere ich mit meiner Freundin (ein Zusammentreffen hat noch nicht geklappt) und eine Kameradin vom Sport schaut nach mir und hat mir gesagt, dass ich mich jederzeit an sie wenden kann. "Die Mauer des Schweigens". Besser kann man es nicht ausdrücken. Für mich ist das nun ein Anlass, über mein eigenes Verhalten nachzudenken, vor allem wie ich mich künftig bei einem Todesfall verhalten werde." **B. F.**

„Hilfsangebote helfen nicht"

„Mauer des Schweigens kann niemand durchbrechen"

"Bei meinem Mann sind es bald fünf Jahre seit seinem Tod und noch immer begreife ich es nicht. Ich glaube, ein Leben lang wird man damit nicht fertig." **M. Sch.**

„Ein Leben lang gezeichnet"

"Ich möchte Sie nicht enttäuschen; aber je mehr Distanz zwischen dem AGUS-Nachmittag und heute liegt, umso klarer wird mir, dass ich mich der psychischen Belastung nicht aussetzen möchte. Ich habe nicht gewusst, dass das Zusammensein mit den Betroffenen mich so aufwühlen würde. Ich wollte mich sachlich informieren, um zu wissen, wie ich mich meiner Schwägerin gegenüber verhalte, wie ich ihr helfen

„Aufgewühlt durch die Gruppe"

kann und bin jetzt selbst überrumpelt, wie viel Unverarbeitetes in mir selbst steckt, dass ich mit jedem Betroffenen mitweinen möchte und dass Leid, Kummer, Schuldgefühle mich beherrschen. Dagegen wehre ich mich; dem möchte ich mich nicht aussetzen." **K.S.**

„Seelenverwandtschaft"

"Ihr Brief war mir bei meiner Weihnachtspost am wertvollsten. Obwohl ich ja alle Unterzeichner nicht kenne, fühle ich mich mit Ihnen allen so verbunden, zum Teil mehr als mit eigenen Verwandten. Ich würde so etwas eine "Seelenverwandtschaft" nennen, weil wir alle dasselbe Los tragen müssen! Gerade dieses gemeinsame Leid verbindet uns." **C.**

"Gemieden, als hätte ich eine ansteckende Krankheit"

"Ich denke auch noch oft daran, als ich vor 5 Jahren als gebrochener Mensch mit Ihnen ins Gespräch kam, als ich von anderen Menschen gemieden wurde, als hätte ich ansteckende Krankheiten. Heute feiert meine älteste Tochter ihren 27. Geburtstag. Ich selbst war damals auch 27 Jahre, als ich ihre Mutter kennen lernte, leider nicht durchschaute. Warum ich das erwähne? Nun, Sie wissen ja, an solchen Tagen werden wieder Erinnerungen wach und man fragt sich wieder, warum eine Mutter Kinder großzieht, es ihr aber gleichgültig ist, was aus ihnen wird. (...)". **P.**

„Gefühl des Allein-da-stehens"

„Uneinfühlsame Tröster"

"Das Gefühl des Allein-da-stehens bedrückt mich sehr und macht mich schweigsam, weil ich glaube, dass dieses Thema immer noch ein Tabu-Thema ist! ... Gerade, weil ich Trauer, Wut, Aggressionen und Enttäuschung wegen meines Kindes in der ersten Zeit unterdrücken musste. Ich hoffe, bei Ihnen Verständnis zu bekommen. ... Ich bin zwar erst gerade mal 22 Jahre jung, aber ich habe meinen Mann sehr lieb gehabt. Umso mehr trifft es mich, wenn ich von anderen Menschen zu hören bekomme: "Du bist doch noch so jung; es wird noch ein anderer kommen; reiß Dich zusammen, Du hast ja noch das Kind." Dass mich solche Worte sehr verletzen, darauf schaut keiner, und dass ich auch nach der kurzen Beziehungsdauer sehr getroffen bin, stößt auch auf Unverständnis." **D. P.**

Aus Briefen von Betroffenen

"Über ein Jahr schon habe ich meinen Mann durch Suizid verloren. Immer dachte ich, es wird besser, bestimmt nach einem Jahr! Aber das war ein Trugschluss. Jeden Tag fehlt er mir mehr. Und ich bin ja mit so viel Schuld beladen, dass ich mich wundere, wie ich nur einen Tag so leben kann. Ich habe es nicht wahrhaben wollen, wie sehr mein Mann innerlich gelitten hat, weil er krank war und nicht mehr arbeiten konnte. - Und ich habe das bei all meiner Arbeit nicht gemerkt. Die Kinder und Enkelkinder kommen immer zuerst. Wer konnte aber auch ahnen, was in ihm vorging und dass er nach einem Autounfall nicht mehr leben wollte. Es war gar kein schlimmer Unfall, aber als ich von der Arbeit kam, war er schon nicht mehr am Leben. Ich frage mich, warum habe ich nichts an ihm gemerkt? Da setzt man doch Zeichen. Warum, und hätte ich nur...! So verläuft jeder Tag. Aber so kann man doch nicht ewig leben. - Warum? Und hätte ich ... Ich möchte so gerne, dass dieser sinnlose Tod Sinn hätte, möchte so gerne glauben, dass es ein Leben nach dem Tod gibt, in irgendeiner Form. Aber ich kann mit niemand darüber reden. Die Kinder gehen eigene Wege. Und den Menschen an meiner Seite, der mich so gebraucht hätte, habe ich im Stich gelassen. ...Die Einsamkeit ist eine hohe Strafe. Ich wünschte, seine Seele würde mich erreichen. Ich möchte so gerne, dass er mir verzeiht." **U. A.**

"Man kann 'so eine Geschichte' auch nicht mit ein paar Worten umreißen - sie wird das weitere Leben bestimmen und ist eine ganze, eigene Welt für sich. Es kann nie mehr so werden wie es vorher war. Ich selber führe zurzeit den schweren Kampf, wieder ohne Psychopharmaka weiterzuleben und im Alltags-, vor allem aber im Berufsleben, die Fassaden wieder aufzubauen. Denn mein Leben, mit seinen Philosophien und allem, woran ich geglaubt habe, ist zusammengebrochen. Unermessliche Ausmaße. "Damit" weiterzuleben und ohne ihn. Die Empfindungen und Gefühle, die ich in mir habe und für die es kaum Worte gibt, werden immer da sein und mich mein Leben lang begleiten. Und damit bin ich ja im Grunde allein, denn die wahren Dimensionen kann niemand ermessen. Irgendwie

„Jeden Tag fehlt er mir"

„Ich fühle mich mit so viel Schuld beladen"

„Die Einsamkeit ist eine hohe Strafe"

„Nie mehr wird es sein wie vorher"

„Schwerer Kampf ums Weiterleben"

"Nur einen Wunsch, ihn eines Tages wieder zu sehen"

hat er nun das erreicht, was er wollte. Ich gehöre ihm. Und ich gönne es ihm. Das Einzige, was mir ein wenig Trost verschaffen kann, ist mein größter Wunsch: Ihn eines Tages, in einer anderen Welt, wieder zu sehen. Ich träume und wünsche nichts mehr - nur das Eine: Mit ihm zusammen zu sein für die Ewigkeit. Und bis dahin muss ich das Hier und Jetzt überstehen. Ich will es versuchen - für ihn und für mich." **S. T.**

„Suche nach Hilfe im Wust von Schuldgefühlen"

"Ich bin selbst eine Betroffene und hätte durch eine Selbsthilfegruppe vielleicht die kleine Hoffnung, durch Kontakt zu so genannten Leidensgenossen aus einem für mich unkontrollierbaren Wust von Schuldgefühlen, übergroßem Schmerz und seelischer Einsamkeit herauszufinden. Mein Mann hat sich vor einem Jahr das Leben genommen und wir wissen nicht, warum. Er war 47 Jahre alt. Wir haben zwei Kinder im Alter von 23 und 25 Jahren, die noch bei mir zu Hause wohnen und zusammen mit meiner Mutter mir eine große Hilfe sind.

„Erinnerungen fressen mich auf"

Einerseits beruhigt es mich, dass sie den Tod ihres Vaters besser zu ertragen wissen als ich (wenigstens soweit ich das beurteilen kann), andererseits fühle ich mich völlig isoliert und im Stich gelassen und die Erinnerungen fressen mich auf." **B. W.**

„AGUS hat mir Mut gemacht, offen darüber zu reden"

"Als mein Mann Suizid beging, war mir überhaupt nicht klar, wie viele Menschen ebenfalls betroffen sind. Durch AGUS wurde ich darauf aufmerksam gemacht und fühlte mich, auch ohne Gruppe, nur um die Tatsache wissend, dass es andere Menschen in derselben Situation gibt, eingebettet und nicht allein. AGUS hat mir Mut gemacht, offen darüber zu reden." **R. H.**

Statistisches aus der AGUS

Die Altersgruppen der bei AGUS gemeldeten trauernden Personen reichen von 16 bis 84 Jahren. Sie haben Angehörige verloren, deren Alter von:
**14 bis 20 Jahre (8 %), 20 bis 30 Jahre (29 %),
30 bis 40 Jahre (20 %), 40 bis 50 Jahre (18 %),
50 bis 60 Jahre (17 %), und darüber (8 %) reicht.**

Die meisten Suizide geschahen durch: Erhängen, Erschießen, Schienentod, Sturz aus großer Höhe, Tablettenvergiftung und Einleiten von Autoabgasen.

Tod durch Erhängen

Es ist unverkennbar, dass die Art des Suizids ein wichtiger Faktor ist, ob die Angehörigen von ihrem Toten Abschied nehmen können. Beim Schienentod ist dies meist nicht möglich, aber immer wieder habe ich mich gefragt, wieso 40% aller bei AGUS gemeldeten Fälle das Erhängen wählten. Denken die Menschen in ihrer Verzweiflung nur daran, dass der Tod schnell und sicher eintreten soll? Hat der im normalen Sprachgebrauch manchmal schon bei Unpässlichkeiten so achtlos dahin geworfene Satz "Ich häng' mich auf!" etwa einen verhängnisvollen Einfluss mit ausgeübt? In vielen Theaterstücken wird er in humorvoller Weise ausgerufen und belacht.

Dem gegenüber steht mir aus meiner Erfahrung in der NS-Zeit stets vor Augen, dass die Verhängung der Todesstrafe durch den Strang als unehrenhafter Tod galt, während dagegen beim Erschießen eine gewisse Ehrenrettung gewahrt wurde. Hier fällt mir der erschütternde Bericht des Onkels einer Schülerin ein, die von der Selbsttötung ihres Vaters gehört hatte. Der Fall war noch ganz frisch. Das Mädchen lag im Bett, weinte heftig und sagte immer wieder: *"Hoffentlich hat er sich nicht aufgehängt. Das ertrag' ich nicht!"*

Tod durch Erschießen

Bei den AGUS-Betroffenen wurde der Tod durch Erschießen dann gewählt, wenn sie aus beruflichen oder dienstlichen Gründen eine Schusswaffe besaßen. Das galt besonders für Polizisten. Nach dem Erhängen sind Schienentod und Sturz aus großer Höhe neben dem Erschießen in der AGUS-Statistik die nächst höheren Zahlen der Suizidarten.

Andere Todesarten

Oder was muss in einem Menschen vorgehen, der sich mit einer Bohrmaschine ins Herz stößt? Wir, die Gesunden, wenden uns mit Schaudern ab. Was machen aber die Angehörigen durch, die damit leben müssen? Auch ein als Hilferuf gedachter Suizid mit Gas- oder Tablettenvergiftung muss nicht immer als solcher gedeutet werden, obwohl er manchmal mit dieser Absicht gewählt wurde. Angehörige berichteten immer wieder von diesen Suizidversuchen, bei denen sie rechtzeitig eingreifen und helfen konnten, bis es dann doch eines Tages zu spät war.

Was wir oft erstaunt feststellen mussten, war die **Wahl des Platzes** für die Tat. Es wurden nämlich Lieblingsplätze aufgesucht, besonders wenn sich die Betroffenen in der freien Natur von der Welt verabschieden wollten. Heimatgefühle zeigten sich hier auch noch ganz am Schluss eines Lebens.

Bei den Berufen fällt die hohe Zahl von **Suizidenten aus den sozialen Berufen, bei Studenten und Schülern und bei Polizisten auf.**

Wer wird betrauert?

Es sind die Personen, die am meisten vermisst werden: Menschen, die eine spürbare Lücke hinterlassen, z.B. wenn sie der Ernährer einer Familie waren, oder auch Jugendliche, die zu großen Hoffnungen berechtigten. Es ist nicht verwunderlich, dass die Statistik der bei AGUS erfassten Fälle hinsichtlich des Alters der Suizidenten eine Quote von 70% im erwerbsfähigen Alter (26 - 60 Jahre) ausweist und immerhin 23% Jugendliche (bis 25 Jahre).

Schweregrad der Tauer

Die Schwere der Trauer führte im Gruppengespräch häufig zu Kontroversen. Wer sein Kind verloren hatte, glaubte schlimmer zu leiden als der mit Partnerverlust. Ich sah meine Aufgabe stets darin, das alles verbindende Tabu und das Stigma in Erinnerung zu rufen, denen sich die Schweregrade der einzelnen Fälle unterordneten. Hier musste sich sehr viel Trennendes zur gemeinsamen Trauer zusammenfügen. In der AGUS haben sich auch deshalb trauernde Eltern, speziell Mütter, und andere Suizidbetroffene nicht auseinander dividiert. Das heißt jedoch nicht, dass das spezifische Leid der Einzelnen nicht zur Sprache gekommen wäre. Wie schwer es allerdings ist, wenn eine allein erziehende Mutter ihren einzigen Sohn mit 14 Jahren durch Erhängen verliert, zeigt ihr eigener Suizidversuch als Folge. Sie wurde gerettet. Es ist bekannt, dass die Zurückbleibenden nach Suizid selbst ein erhöhtes Suizidrisiko darstellen. Sie brauchen schon deshalb viel Aufmerksamkeit und Beistand.

Mehrfachsuizide

Hierhin gehört auch der Schweregrad von Mehrfachsuiziden. Eine Betroffene in der Regionalgruppe ging erstaunlich offen mit dieser Problematik um und brachte am Anfang zwei Fälle (Mutter & Bruder) vor. Im Laufe der Jahre deckte sie noch drei weitere Fälle in der erweiterten Familie auf, die verschleiert worden waren. Sie begründete ihre Offenheit damit, dass Depression und Suizidalität genauso als Krankheit einzustufen sind wie körperliche Leiden. Ich war erstaunt über so viel Mut.

Frage nach genetischer Veranlagung

Nahtlos schloss sich bei Mehrfachsuiziden immer die Frage nach der genetischen Veranlagung an. Da waren und sind alle Suizidbetroffenen sehr hellhörig, was die Forschung wohl noch an den Tag bringt. Dass es die Erbkomponente zur Disposition gibt, ist bekannt, doch Suizidalität und Suizid müssen deshalb keinesfalls zwangsläufig eintreten. Wahrheit in der Erziehung ist auch hier gefragt, um Verhaltensmustern zu begegnen und Nachahmungen auszuschalten. Die Psychotherapie von heute kann viel tun.

Drang nach Aufklärung der Vergangenheit

Der Drang nach Aufklärung über lang zurückliegende Suizide brachte ebenfalls einige Leute zu AGUS. Ein erschütterndes Beispiel ist der Brief einer Kölnerin, die über ihren Vater berichtet, der im Krieg beim Roten Kreuz gearbeitet hat. Er war zum Transport von Juden in die Vernichtungslager abgestellt worden. Er hat darüber nicht reden dürfen. Weil er sein Gewissen nicht weiter belasten konnte, hatte er sich im Heimaturlaub umgebracht. Natürlich konnte die Tochter nach fünfzig Jahren keine Antwort mehr bekommen, aber sie hat uns AGUS-Leuten vermittelt, was Suizid aus Gewissensnot bis hin zum Opfertod beinhaltet.

Aktive Trauerarbeit, Suche nach Gerechtigkeit

Suizidtrauer ist sehr vielfältig. Viele Männer werden besonders aktiv, haben sie erst die erste Erstarrung hinter sich gebracht. Ein Vater von zwei Kindern, der seine Frau, eine Krankenschwester, nach offensichtlich unzureichender Behandlung einer Depression durch Sturz aus großer Höhe verloren hatte, strengte einen Prozess an, verlor in der ersten Instanz und gewann in der Berufung, weil er den Nachweis von vielen Versäumnissen und Schlampereien der Klinik führen konnte. Er kam in die Bayreuther Gruppe, telefonierte oft mit mir und schickte eine Menge Akten. Er brauchte Ermutigung, die wir ihm auch gaben. Der Suizid der Krankenschwester war in der Nacht während eines Wochenendurlaubs aus der Klinik zu Hause passiert. Er bewies mit seinem Kampf um sein Recht, dass Angehörige besser unterrichtet sein müssen, wenn z.B. ein Medikamentenwechsel stattgefunden hat und der Patient nach Hause darf. Letztlich ging es ihm nicht um die Schadenssumme, die er auch bekam, sondern um die Aufklärung seines Falls. Gelegentlich habe ich Krankenberichte, in denen sich Angehörige über falsche Behandlung ihres Verstorbenen beschweren, an Experten weitergeleitet.

Werner Ponsel war uns einmal in seinem Amt als Vorsitzender Richter am hiesigen Landgericht eine große Hilfe, als ich mit einer unglücklichen

Mutter zu ihm kam. Der 17-jährige Sohn dieser Frau hatte sich auf den Schienen das Leben genommen. Er war als Schüler beim "Schwarzfahren" in der Bahn erwischt worden und hatte bei der Bahnpolizei eine Strafsanktion mit Androhung eines Gerichtsverfahrens zu bestehen. Deshalb glaubte er seine Zukunft zerstört, besonders auch die bevorstehende Ferienreise nach England. Der Mutter, die mit Angst vor der "Schande" beladen war, konnte Herr Ponsel wenigstens noch die Geringfügigkeit dieser "jugendtümlichen Straftat" klar machen und ihr damit viel Ballast von der Seele nehmen.

8. Öffentlichkeitsarbeit von AGUS

Parallel zu der Arbeit in den Gruppen, den Brief- und Telefonkontakten mit vielen Betroffenen und der Unterstützung durch Presse, Radio und Fernsehen, entwickelte sich eine Öffentlichkeitsarbeit, die versuchte Wissen über Suizidtrauer zu vermitteln.

Der Beginn dafür lag im September 1991. Von der „Deutschen Gesellschaft für Suizidprävention" (DGS) wurde ich nach Hamburg eingeladen. Zu diesem Zeitpunkt verfügte ich über zwölf Zeichnungen von Joachim Schinner, in denen der 17jährige seinen Tod vorausgezeichnet hatte. Seine Eltern hatten mir dieses wertvolle Material für die Fachwelt zur Verfügung gestellt. Damit reiste ich zum Kongress, außerdem mit Plakaten über AGUS, die ich selbst erstellt hatte. Prof. Sonneck aus Wien zeigte großes Interesse und wollte damit seinen Studenten das Präsuizidale-Syndrom erklären. Das Ehepaar Schinner gab dafür grünes Licht. Prof. Ringel, namhafter Suizidologe, ebenfalls aus Wien, von dem die Beschreibung des Präsuizidalen-Syndroms stammt, lernte ich unter den Fachleuten selbst kennen. Joachim Schinners Zeichnungen, die in Hamburg zum ersten Mal gezeigt wurden, standen von da an im Mittelpunkt aller AGUS-Ausstellungen.

Erste Rundschreiben mit Hinweisen auf AGUS-Sendungen entstanden im März 1991. Im Februar 1992 fand im Staatlichen Gesundheitsamt in Bayreuth unter der Leitung von **Dr. Wolfgang Schmidt** die erste Informationsveranstaltung mit dem Titel "Bilder eines Schülers - Suizid und die Folgen" statt. Erstmals besuchten Schulklassen eine Ausstellung über Suizid, die mit der Serie der zwölf Zeichnungen und dem bis dahin erschienenen Pressematerial sowie Betroffenenbriefen untermauert wurde.

Es folgten Ausstellungen und Einführungsvorträge zur Gruppengründung im Gesundheitsamt Frankfurt im September 1992 unter Mitwirkung von Rundfunk und Presse und im Oktober in der Stadtbücherei Amberg. Regelmäßig beteiligten wir uns am Selbsthilfegruppentag der AOK in Bayreuth. Als AGUS-Gründerin wurde ich oft für Vorträge mit Ausstellungsmaterial angefragt und eingeladen, z.B. vom Frauenfrühstück Pegnitz, Rheumaliga Bayreuth, Kircheneck, Telefonseelsorge, Finck-Haus, Krankenhaus-Besuchsdienst, dem Katholischen Bildungswerk im Schlossturmsaal und von der evangelischen Gemeinde Friedenskirche in Destuben.

Im Mai 1993 lud das Gesundheitsamt Frankfurt/ Main unter dem Titel „Davongehen und Zurückbleiben" zu einer Veranstaltung in seinen Räumen ein. Am Mittag sendete der Hessische Rundfunk ein Interview mit mir, das Ulrike Holler, die Frau des damaligen Oberbürgermeisters von Frankfurt, geführt hatte. Am Abend sprach ein Psychiater, danach stellte ich die Ausstellung im Foyer vor. Das war der Start für die erste AGUS-Gruppe in Frankfurt.

AGUS-Ausstellung

Zum Höhepunkt all unserer Öffentlichkeitsarbeit sollte die AGUS-Jahresversammlung 1998 unter der Schirmherrschaft von Landrat Dr. Dietel werden. Unter dem Titel "Gegen die Mauer des Schweigens" und "Wie aus Leid Sinn entsteht" starteten wir ein vielschichtiges Programm. Ganz oben stand die von der jungen Designerin Eva Lerner und mir konzipierte AGUS-Ausstellung auf 25 Wandtafeln. Dazu konnte ich noch fünf selbstgemalte Bilder präsentieren, die später von einer Journalistin den Titel "Facetten eines großen Schmerzes" erhielten. Diese Bilder stehen für den Schmerz von Betroffenheit, gleichzeitig auch für den Aufbau

Landratsamt Bayreuth Ausstellungseröffnung 1998.

der AGUS-Initiative. Stolz konnten wir nach sieben Jahren AGUS-Arbeit 1300 Meldungen, 220 Mitglieder und 40 Gruppen bzw. Ansprechpartner als Erfolg verzeichnen. **Die Ausstellung begann durch Deutschland zu reisen und war inzwischen in über 25 Städten unterwegs:**

1998	Landratsamt Bayreuth
1999	Stadtkirche Bayreuth
2000	Landshut, Neumarkt, Weilheim und Schongau, Garmisch-Partenkirchen, München, Gesundheitshaus
2001	Öhringen / Heilbronn, Lübeck, Harrislee
2002	Husum, Flensburg, Mühldorf/Inn
2003	Magdeburger Dom, Remscheid, Lah, Hausach, Achern
2004	Offenburg, Karlsruhe
2005	Basel, Neheim
2006	Soest, Dortmund
2007	Iserlohn, Münster, Hannover
2008	Augsburg

Bild oben: Landrat Dr. Dietel, Emmy Meixner-Wülker und Prof. Wolfersdorf.
Bild Mitte: Designerin Eva Lerner mit Emmy Meixner-Wülker vor der Ausstellung

AGUS Buch, AGUS CD und Video-Kassette

Sabine Dörrich, Verlegerin und Betroffene brachte im Didot-Verlag die Festschrift "Gegen die Mauer des Schweigens" als Buch heraus. Es diente als Leitfaden für viele Betroffene. Inzwischen ist es vergriffen. Der Text ist in diesem Buch aktualisiert aufgenommen.

Neben der Ausstellung präsentierte die AGUS unter dem gleichen Titel "Gegen die Mauer des Schweigens" eine Video-Kassette, die Betroffene und Fachleute aus 25 Fernsehsendungen sehr eindringlich zu Wort kommen lässt, in viel Kleinarbeit mit der Fa. Concept in Bayreuth erarbeitet. Fachleute sind die Professoren Böcker, Wolfersdorf (Bayreuth), Kurz (München) und Paul Götze (Hamburg). Der 45-minütigen Vorführung im Landratesaal Bayreuth am 25. Oktober 1998 wohnte eine große Zahl von Zuschauern und Zuhörern aus Deutschland bei. Die Firma "Concept" ließ ganz bewusst zu meiner Person die Einblendung "Frau eines Selbstmörders" stehen, um damit deutlich zu machen, dass dort die unberechtigte Diskriminierung der Suizid-Hinterbliebenen beginnt, die wir sichtbar machen wollten.

AGUS-CD

Jörg Müllner, ein Mitarbeiter des Bayerischen Rundfunks, hatte in dieser Zeit ein Feature zusammengestellt, das Eingang in eine CD fand: "Wege aus der Verzweiflung - wie AGUS Suizidbetroffenen hilft". Diese eindrucksvollen Beiträge erhielten eine Zeit lang alle neuen Mitglieder als Aufnahmegeschenk.

Ausschnitt aus einer Rundfunk-Sendung Bayern 2, Herbst 1993 von Jörg Müllner zum Thema: AGUS-Gruppe in Bayreuth, einzigartige Selbsthilfegruppe in Bayreuth: *"Es war ein Tag wie jeder andere. Ich hatte mit Weihnachtsvorbereitungen zu tun. Es war ganz normal. Mein Mann war ziemlich beruflich angespannt - im Stress. Es kam aus heiterem Himmel. Es war am frühen Abend. Er*

hat sich nicht so wohl gefühlt. Er ging die Treppe hoch. Ich dachte, er ging ins Bett. Dann habe ich es oben krachen gehört. Ich dachte, vielleicht ist eine Schranktüre zugefallen. Ich hab mir überhaupt nichts dabei gedacht. Mein Sohn saß hier im Nebenzimmer. Er kam dann zu mir ins Zimmer und sagte: "Mutti, das war doch eben ein Schuss? Wer soll da schießen?" habe ich erwidert. Wir sind dann hoch gegangen, weil es uns doch ziemlich komisch vorkam. Die Schlafzimmertüre war verschlossen. Wir haben gerufen. Doch es hat sich nichts bewegt. Wir haben versucht, die Tür zu öffnen. Schnell wurde nach einem Schlüssel gesucht. Dann habe ich im Schrank nachgeguckt, ob alle Waffen da sind. Es hat eine gefehlt. Mein Sohn hat daraufhin die Türe eingetreten. Dann haben wir ihn gefunden."

Sprecher: Friedrich Meyer lag unmittelbar neben dem Ehebett tot auf dem Fußboden. Im Dezember 1989, sechs Tage vor Weihnachten, hatte der leidenschaftliche Jäger zu einer seiner vielen Waffen gegriffen und sich im Alter von 47 Jahren das Leben genommen. Mit einem einzigen Schuss aus einem Revolver bereitete der äußerst pflichtbewusste Verwaltungsoberamtsrat seinen Sorgen, dem Stress, dem hohen Druck der Verantwortung im Büro und all den Problemen und Ängsten, von denen er nicht sprach, ein Ende. Zurück blieben seine Söhne und seine Ehefrau Brigitte Meyer. An einem ganz normalen Tag im Advent stürzte die 48jährige Hausfrau aus dem kleinen Städtchen in Oberfranken ins tiefe Tal der Trauer. Der Schuss im ersten Stock des Einfamilienhauses hatte auch sie verletzt. „Plötzlich," sagt sie, „plötzlich fehlte ein Stück von mir" der Verlust, die Trauer, die Verzweiflung trafen sie wie ein Schlag aus heiterm Himmel.

"Ich stand völlig außerhalb. Ich wußte überhaupt nicht, was los ist. Ich habe es überhaupt nicht gefasst. Ich konnte überhaupt nicht damit umgehen. Ich habe mich in der ersten Zeit überhaupt nicht auf die Straße getraut. Wenn ich einkaufen gegangen bin und der Laden voller Leute stand, habe ich Platzangst bekommen. Am liebsten wäre ich heraus gerannt. Das Problem es stand immer bei mir, es ging immer neben mir. Ich konnte überhaupt nichts anderes denken, als "mein Mann hat sich umgebracht, er hat sich umgebracht, er kommt nicht mehr. Es geht nichts mehr, du kannst nichts mehr richtig machen. Du kannst dich nicht wehren... und es war immer dabei. Es ist zum Teil auch jetzt noch."

Sprecherin: Brigitte Meyer fühlte sich von Gott bestraft. "Was habe ich verbrochen, dass ich das verdient habe?", fragte sie sich. Gibt es überhaupt noch ein Leben nach dem Tod ihres Mannes? Und wenn, welchen Sinn hat es noch? 24 Ehejahre stellte ihr Mann den zentralen Punkt in

ihrem Leben dar. Jetzt - die beiden Söhne wohnten nicht mehr zu Hause - war sie auf sich allein gestellt. Allein mit ihren Seelennöten und bohrenden Fragen, den quälenden Selbstzweifeln, den permanenten Vorwürfen, am Suizid mitschuldig zu sein. Wie sollte sie damit umgehen? Kann in einer solchen Situation überhaupt geholfen werden?
(Name der Betroffenen sind verfremdet)

9. AGUS - Höhen und Tiefen

AGUS kam fünf Jahre ohne Vereinsgründung aus. Dann wurde der Ruf nach Spendenquittungen unüberhörbar laut. Also gründeten wir im August 1995 AGUS als eingetragenen Verein. Ich trat als 1. Vorsitzende an. Ein Jahr später 1996 konnte ich Dr. Bayerlein als AGUS-Mitglied gewinnen. Als versierter Vereinskenner und mit Fürsprache von Prof. Böcker kam er als 2. Vorsitzender in den Vorstand und leitete gleich die erste Jahresversammlung. Es folgten jährlich im Herbst Jahres- und Mitgliederversammlungen mit bundesweiter Teilnahme über ein Wochenende mit Referenten, die ihre Vorträge ohne Honorar hielten.

Verein AGUS e.V.

Die Vereinsgründung bescherte AGUS ein Fundament nach außen hin. Lange genug hatte die Warnung, dass die Selbsthilfe dadurch auf der Strecke bliebe, uns gehindert, auf Vereinsbasis zu arbeiten. Dies traf

Der AGUS-Vorstand 1998 von links: Irene Langer, Emmy Meixner-Wülker, Pfr. Gottfried Lindner, Brigitte Kummer, Daniela Quäschning, Dr. Klaus Bayerlein, Brigitte Schinner, Hanneliese Dittmar und Elfriede Loser

jedoch nicht zu. Die Gemeinnützigkeit zu erhalten und Spendenquittungen ausstellen zu können, zeigte sich indes als Vorteil.

Bis 1998 bestand der gesamte AGUS-Vorstand nur aus Suizidbetroffenen. Viele innerhalb des bundesweiten AGUS-Kreises fanden dies auch wichtig. Auf Dauer ist das jedoch schwer durchzuhalten, vor allem dann, wenn interessierte Mitarbeiter mit gewissen Spezialkenntnissen gebraucht werden, die Arbeit für wenige kein Ende nimmt, die Anzahl der aufgenommenen Betroffenen dagegen stetig steigt.

Jahrestagung 1997 - ein Oktobertag in der Eremitage von Bayreuth

Referenten in den Jahreshauptversammlungen
Die Jahreshauptversammlung war verbunden mit der jährlichen Mitgliederversammlung des Vereins. Höhepunkte dieser Tagungen waren die Referate zum Thema Suizid.

1996 referierte **Karl Baumgartner** von der Uni Regensburg, Selbstbetroffener, aus seiner Diplomarbeit "Die pädagogische Relevanz von Selbsthilfegruppen am Beispiel von AGUS, der Angehörigengruppe um Suizid, Bayreuth". Er hatte jahrelang mit seiner Mutter die Bayreuther Gruppe besucht und konnte AGUS aus eigenem Erleben und unter wissenschaftlichen Gesichtspunkten hohes Ansehen bescheinigen.

1997 gewannen wir **Prof. Manfred Wolfersdorf**, Psychiater und Psychotherapeut, ärztlicher Direktor am Bayreuther Bezirkskrankenhaus zu einem Vortrag. Er hat viele Bücher herausgegeben und referierte über sein Spezialgebiet, die Depression und ihre Trauer, die zahlenmäßig größte Ursache für Suizide.

1998 referierte zum ersten Mal ein Theologieprofessor. **Dr. Wolfgang Schoberth** von der Uni Bayreuth reflektierte das Thema „Weder Verurteilung noch Sprachlosigkeit". Seine theologisch-ethischen Überlegungen zum Suizid wurden sehr gut aufgenommen. Dies war die erste wichtige Stellungnahme eines Kirchenvertreters pro AGUS in der Öffentlichkeit. Sein Vortrag wurde danach sehr häufig angefordert.

1999 stand die Logotherapie von Viktor Frankl im Mittelpunkt. Das Referat der Logotherapeutin **Eva-Margareta Bitto** lautete: „Vom Umgang mit unabänderlichem Leid - speziell bei Suizid - aus Sicht der Logotherapie".

2000 hielt **Emmy Meixner-Wülker** den Festvortrag zum Thema: „AGUS - das Erfolgsmodell aus der Provinz - Von der Idee zur bundesweiten Organisation. Danach wurde sie verabschiedet und zur Ehrenvorsitzenden ernannt.

2001 referierte der Schweizer Buchautor und Seelsorger **Dr. Ebo Aebischer-Crettol** zum Thema: „Nicht Verstand, sondern Beistand"

2002 sprach die Autorin und Trauerbegleiterin **Chris Paul** über „Wieso-weshalb-warum? – Schuldgefühle im Trauerprozess".

2003 gewannen wir zwei Referentinnen: **Dr. Regula Freytag** „Handlungsmöglichkeiten in wiederkehrenden Krisen" und **Sigrid von Stülpnagel** „Mit der Trauer leben".

2004 referierte **Sybille Jatzko** zu Thema: „Der Suizid – was ist Belastung, was ist Trauma für die Hinterbliebenen."

2005 luden wir den Bestatter **Fritz Roth** ein. Er sprach über: „Der Trauer eine Heimat geben – Umgang mit Trauer und Neubeginn"

2006 erzählte die Journalistin **Bianka Lang** von ihrer Trauererfahrung um ihren Vater: „Leben ohne Dich". **Prof. Dr. Wolfgang Schobert** reflektierte das Thema: „Wer wollte richten? – Zur Frage der Schuld"

2007 hielt der Facharzt für psychosomatische Medizin und Psychotherapie **Dr. Gerhard Wülker**, der Sohn der AGUS-Gründerin, einen Vortrag zum Thema „Trauma Suizid, eine persönliche Auseinandersetzung."

Krisen während der Aufbauarbeit

In der Aufbauphase gab es eine Auseinandersetzung, die mich kämpferisch stimmte. Obwohl wir noch gar keinen Verein gegründet hatten, schlugen zwei Mitarbeiterinnen vor, mich zur Ehrenvorsitzenden zu ernennen und mich zu ihren Gunsten im Hintergrund zu halten. Ich befand mich mitten in der Aufbauarbeit und besann mich trotz erstmals aufgetretener gesundheitlicher Störungen auf meine seelischen und körperlichen Kräfte. Bis zu meinem 60. Lebensjahr hatte ich doch immerhin 13-mal das bayerische und das deutsche Sportabzeichen in Gold erworben und mich dadurch in Beharrlichkeit und Ausdauer geübt.

Das versuchte Mobbing - nichts anderes war es für mich - führte zu einem Bruch. Die Mehrheit der Gruppenteilnehmer stand hinter mir. So gründeten wir den Verein ohne sie und der Kontakt zu ihnen brach ab. Sie bauten danach eine eigene Gruppe auf mit anderem Namen und nahmen Betroffene aus der AGUS-Gruppe Bayreuth mit. Von ihren Erfahrungen in Bayreuth hatten sie hoffentlich profitiert. Vorher war bereits über eine Aufteilung der Gruppe nachgedacht worden, allerdings unter dem Namen von AGUS. Später versuchten wir eine Klärung und baten einen Seelsorger um ein Beratungsgespräch. Leider kam diese Aussprache nicht zustande.

Die Tücken des Journalismus

Einige Zeit später erlebte ich durch einen Journalisten eine schwerwiegende Enttäuschung. Wir hatten eine gemeinsame Veröffentlichung eines AGUS-Buches vereinbart. Dafür hatte ich ihm vertrauensvoll meine Karteikarten von AGUS-Fällen zur Verfügung gestellt, verbunden mit klaren Forderungen nach Datenschutz und Veröffentlichung von Namen nur mit Zusage der jeweiligen Personen. Er wählte davon 50 spektakuläre Falldarstellungen aus und veröffentlichte sie in einem Buch unter seinem Namen.

Das war nur möglich, weil der erste Verlag in Konkurs ging. Dort war meine Mitbeteiligung und Mitherausgabe schriftlich fixiert. Der neue Verlag wusste nichts von meiner Person und meiner Vorarbeit, die den entscheidenden Grundstock für dieses Buch legte. Von der Veröffentlichung des Buches wurde ich überrascht und damit um meinen AGUS-Erfolg betrogen. Ein Gerichtsverfahren habe ich danach ins Auge gefasst und einen Rechtsanwalt bemüht, doch nach eingehender Beratung eines Fachmannes davon abgesehen. Außerdem war zu diesem Zeitpunkt meine Gesundheit stark angeschlagen.

Doppelt traurig stimmte mich diese Intrige, weil der Zeitpunkt der Veröffentlichung und der plötzliche Tod meines Ehemannes Rudolf im Jahre 1998 zusammentrafen. Leider hatte der Journalist kein Einsehen und betrachtete sein Handeln nicht als Unrecht. Allerdings wurde dadurch unsere lange freundschaftliche Beziehung gestört. Ich habe mich später damit getröstet, dass mir trotzdem mein Lebenswerk AGUS nicht streitig gemacht werden könnte. Was gut ist, hat Bestand. Und anscheinend gehört zu jedem großen Erfolg auch die Erfahrung der Missgunst und des Neides.

Bewusst habe ich hier nicht alle Tiefen meiner Arbeit genannt, vor allem weil die größte, nämlich der wohl aus Erfolgsneid geäußerte Vorwurf der „Selbstdarstellung", mich bis heute verletzt. Hoffentlich konnte ich vermitteln, dass mein Outing die Voraussetzung für den Erfolg der AGUS war, und dass man sich mit einem Tabuthema nur ungern selbst darstellt. Jedenfalls gilt das für mich.

Aufbau eines AGUS-Büros

Seit Anfang 1997 gab es einen PC mit AGUS-Spezialprogramm. Dafür hatte ich in meiner Privatwohnung zwei Räume zur Verfügung gestellt. Elfie Loser übernahm diese oft mühsame Arbeit. Es waren nicht nur die laufenden Meldungen zu erfassen, sondern Hunderte von Karteikarten aus den Jahren zuvor einzugeben. Aber diese Arbeit hat sich für Elfie gelohnt. Dadurch lernte sie ihren späteren Ehemann kennen. Nach viel Leid durch Betroffenheit war da plötzlich neues Glück eingekehrt. Herr Loser, der nun nach Bayreuth gezogen ist, verdanken wir eine breite Unterstützung bei allen Problemen rund um den Computer. Mir selbst war es nicht möglich, am Computer zu arbeiten, da eine schwerwiegende Augenerkrankung sich bemerkbar machte

Am 1. Mai 1999 konnten wir ein eigenes Büro im Paritätischen Wohlfahrtsverband am Wilhelmsplatz beziehen. Mit dem Computer und einigen Büromöbeln zog auch Petra May ein (halbe ABM-Stelle). Unterstützt wurden wir dabei von der Geschäftsführerin des Paritätischen Wohlfahrtsverbandes Irene van de Weth, die sich auch im Vorstand engagierte. Mit der Einrichtung eines eigenen Büros fielen nun die höheren Kosten an. Das war aber nötig, denn der angewachsene Arbeitsaufwand ließ sich in meiner Privatwohnung nicht mehr bewältigen. Die Übergangszeit war nicht gerade einfach. Eine treue Helferin, die junge **Daniela Quäschning**, selbst auch schon früh betroffen, hatte sich über längere Zeit des angewachsenen Aktenmaterials angenommen. Alles was anfiel, ob Betroffenenbriefe, Anfragen von professionellen Helfern,

Behördenpost, briefliche Kontakte durch Vernetzung mit anderen AGUS benachbarten Gruppen und Organisationen, ganze Abhandlungen mit mehreren Seiten, besonders auch Bücher und Diplomarbeiten hat die junge Bibliothekarin mit mir begutachtet und in vielen Ordnern sorgfältig katalogisiert und archiviert. Dafür hat sie häufig ehrenamtlich die Samstagnachmittage bis Mitternacht geopfert. Gemeinsam haben wir auch Fragebogenaktionen erarbeitet und durchgeführt.

Sehr bald musste ich unserem Vorstand jedoch verdeutlichen, dass die genehmigte halbe ABM-Stelle nur geringe Entlastung bringt. Der Arbeitsamtsdirektor Herr Bergmann half sofort, als ich ihm zu Beginn des Jahres 2000 die Situation beschrieb. Es war ein Glück, dass unter drei vorgeschlagenen Personen die diplomierte Sozialpädagogin **Elisabeth Brockmann** ihr Interesse an der AGUS-Arbeit bekundete und speziell am weiteren Aufbau interessiert war. Das Arbeitsamt genehmigte sie uns als weitere ABM-Kraft. Sie trat am ersten April 2000 ihren Dienst an. Sie wird von AGUS bezahlt, und zeitweise von Helferinnen unterstützt.

Ehrungen
1997 Sozialpreis der Oberfrankenstiftung in Forchheim
Am 11. Juli 1997 wurde mir von der Oberfrankenstiftung der Sozialpreis verliehen. Ich freute mich sehr über die Laudatio von Prof. Manfred Wolfersdorf, war er doch ein Mutmacher aus der allerersten AGUS-Zeit. In seinem Glückwunschschreiben zum Beginn der AGUS hatte er mir 1991 geschrieben: "Ich denke, dass Sie sozusagen an einer vorderen Front begonnen haben zu arbeiten, da sich in der Bundesrepublik noch niemand um die Angehörigen von durch Suizid verstorbenen Menschen kümmert." Außerdem war es für mich und die anwesenden Vorstandsmitglieder in Forchheim ein erhebender Moment, als ich einen Scheck über DM 10.000 an die Schatzmeisterin weitergab. Allerdings war das Geld für eine notwendige Anschaffung verplant!

Sozialpreis der Oberfrankenstiftung mit Regierungspräsident Dr. Haniel und Prof. Wolfersdorf

Ehrungen

1999 Bayerische Staatmedaille für Soziale Verdienste in Würzburg

Als Äquivalent für die medizinische Bescheinigung über die "Dienstunfähigkeit im Ehrenamt" wertete ich am 8.12.1999 die Verleihung der "Bayerischen Staatsmedaille für soziale Verdienste" durch die bayerische Sozialministerin Barbara Stamm. Diese Würdigung meiner Arbeit verbanden viele aufmerksame Vereinsmitglieder mit einem lange angestrebten Durchbruch in der öffentlichen Förderung durch den Freistaat Bayern, denn grünes Licht aus München brauchten untergeordnete Förderstellen, wie Landkreis, Bezirk und Stadt. Unser OB Dr. Mronz sprach ja bereits im Januar 1999 eine Mischfinanzierung an. Außerdem stellt die ABM-Hilfe vom Arbeitsamt nur eine vorübergehende Maßnahme dar. Unser diesbezügliches Wunschdenken wurde allerdings enttäuscht.

Weitere Auszeichnungen erhielt ich im Jahre 2001 mit der Überreichung des Bundesverdienstkreuzes am Bande durch den Regierungspräsidenten von Oberfranken. 2002 wurde AGUS der **Hans-Rost-Preis** von der Deutschen Gesellschaft für Suizidprävention überreicht. Im gleichen Jahr erhielten wir den **Bürgerkulturpreis vom Freistaat Bayern.** Dazu ein Zitat aus der Laudatio anlässlich der Verleihung in München, verfasst vom Sozialreferenten Dr. Peter Motsch: "*Die AGUS-Initiative ist eine Tat, die im Vergleich zu den zahlreichen Gründungen von Selbsthilfegruppen durchaus als außergewöhnlich, ja einmalig bezeichnet*

Bild oben: Sozialministerin Stamm bei der Verleihung der Bayerischen Staatsmedaille in Würzburg.
Bild Mitte: Regierungspräsident Angerer (zweiter von links) überreicht Emmy Meixner-Wülker das Bundesverdienstkreuz am Bande.
Bild unten: Präsident Böhm gratuliert zum Bürgerkulturpreis, Bildmitte Sozialreferent Dr. P. Motsch

werden kann. Selbsthilfegruppen organisieren sich nicht von selbst. Sie brauchen mutige und tatkräftige Personen, die mit Überzeugungskraft die Organisation in die Hand nehmen. Dafür ist Frau Emmy Meixner-Wülker ein Vorbild. Maßgebend waren auch die gute Öffentlichkeitsarbeit und die Mitwirkung von Medien. Frau Meixner-Wülker hat in der Gruppe und durch die Gruppen vielen Mitbetroffenen wertvolle psychosoziale Unterstützung in schwieriger Lebenslage gegeben. Sie hat die Mauer des Schweigens aufgebrochen und das Suizid-Thema aus dem Tabu heraus in das öffentliche Bewusstsein gerückt."

Im Jahre 2006 erfuhr ich mit dem **Bayerischen Verdienstorden** noch eine ganz besondere Ehrung des Freistaates. Der Bayerische Verdienstorden zählt zu der höchsten Auszeichnung Bayerns, die der Freistaat für besondere Leistungen seit 1957 vergibt. In der Satzung heißt es: "Als Zeichen ehrender und dankbarer Anerkennung für hervorragende Verdienste um den Freistaat Bayern und das Bayerische Volk wird der Bayerische Verdienstorden geschaffen." Das Ordenszeichen hat die Form eines Malteserkreuzes. Die Gesamtzahl der Ordensinhaber soll nicht höher als 2.000 sein.

Bild oben: Edmund Stoiber überreicht den Bayerischen Verdienstorden, der unten zu sehen ist.
Bild unten: Bundesverdienstkreuz am Bande, die Staatsmedaille für soziale Verdienste und der Verdienstorden.

Ehemann Rudolf

30 Jahre an meiner Seite hat er mit mir den Alltag durchlebt, auch den AGUS-Alltag mit allen Höhen und Tiefen. Zuerst zeigte er sich wie alle Anderen um mich herum sehr skeptisch, zuweilen auch misstrauisch und kritisch als Jurist, was da auf uns zukommen könnte. Ich schloss ihn jedoch so stark in meine Gedankenwelt und in meine Absichten mit ein, dass sich das allmählich änderte. Wenn Betroffene schriftlich und mündlich ihr

Dr. R. Meixner

Elend an mich herantrugen, war er erheblich in seinem Rechtsempfinden gestört, was da an Schuldzuweisungen auf die Hinterbliebenen zukam, wo für ihn als Nichtbetroffenen offensichtlich keine Schuld zu erkennen war. Häufig fragten mich die Leute: "Was sagt denn Ihr Mann dazu, wenn sie ein solches Thema bearbeiten? Wollen Sie sich mit ihm nicht lieber schöne Tage machen?" Darauf konnte ich nur antworten: "Er trägt meine Initiative mit!" In der Tat half er mir, wo er konnte. Anrufe blieben nicht ungehört, wenn ich abwesend war, denn er hob ab, gab klare Informationen. Nie murrte er, wenn das Essen angebrannt war, weil ich nicht vom Telefon weg konnte. Mit Nachsicht und Geduld trug er, dass ich viel zu wenig Zeit für ihn hatte. In seiner großen Bescheidenheit glaubte er, die Trauer um den Unfalltod seines einzigen Sohnes wegstecken zu müssen. An ihm erlebte ich, wie die meisten Männer trauern, nämlich im Verdrängen. Er wollte sich dabei nicht helfen lassen, und das wiederum erklärte mir, warum so viele Männer ihre Frauen in und mit der Trauer allein lassen. Ich denke, er hat sein diesbezügliches Unvermögen dadurch kompensiert, dass er sich in meinem, ihm sehr fremden Thema des Suizids engagierte. Als die Erfolge der AGUS-Arbeit sichtbar wurden, mein Auftreten im Fernsehen Eindruck machte und er an den Auszeichnungen Anteil hatte, da war er genauso stolz wie ich. Vielleicht war dieser Weg einer Gemeinsamkeit gerade der richtige Weg in meiner zweiten Ehe.

Dankbar gedenke ich seiner, wenn ich mich an Weihnachten 1997 erinnere. Der vorliegende Rundbrief beinhaltete Festtagsgrüße, aber der Computer hatte aus irgendeinem Grunde gestreikt, so dass die Post nicht mehr zu Weihnachten herauskam. In unserer Wohnung hatten wir dann als Folge der Tücken der Technik zu den Feiertagen die Weihnachtsbescherung in Form von ca. 800 Briefen, die zu falten, zu kuvertieren, teilweise mit extra Grüßen, handschriftlich, zu versehen waren. Die Zeit drängte. Und wenn die Festtagsgrüße wenigstens noch zu Neujahr ankommen sollten, mussten wir diese Arbeit wohl oder übel während der Weihnachtstage erledigen. Ich habe damals ein Foto von meinem Mann geknipst, wie er am Tisch mit den Briefbergen sitzt. Befriedigt über die endlich fertig gestellte Rundbriefaktion "Festtagsgrüße" haben wir am 26.12. abends doch noch privat das Christkind kommen lassen. Aus Rücksicht auf andere Helfer und deren Anspruch auf ein Weihnachtsfest im Kreise ihrer Familie hatten wir niemanden um Mithilfe gebeten.

Im Jahr darauf konnte ich mit Rudolf schon nicht mehr Weihnachten feiern. Er war an "Allerseelen", dem 2.11.1998, an einem Herzinfarkt gestorben. Sein Tod hat in der AGUS-Initiative eine nicht zu übersehende Lücke hinterlassen, die auch mich zum Abschied von meinem Lebenswerk zwingt.

Ich stellte fest: Der Herzinfarkt fällt unter den natürlichen Tod, ein zwar überraschendes, aber annehmbares Ableben. Das hat mich auch, im Gegensatz zum Suizid meines ersten Mannes, die offenen Kondolenzen ohne Verunsicherung spüren und annehmen lassen. Da wusste ich, dass ich aus der Diskrepanz der moralischen Bewertung von Suizid und Herzinfarkt am Beispiel meiner beiden Ehepartner mit der Gründung der AGUS-Initiative das Richtige getan habe. Diese Erkenntnis war in meiner zweiten Trauer ein großer Trost.

Mein Rücktritt

Der Aufbau der AGUS-Organisation als Einzelkämpferin war für mich nicht ohne Auswirkung geblieben. Die belastende Arbeit hatte an meinen Kräften und an meiner Gesundheit gezehrt. Allein die Vor- und Nachbearbeitung der Medienauftritte, die dazugehörigen Reisen, z.b. nach Köln, München und Berlin, das Gewinnen der geeigneten Betroffenen für die Sendungen, forderte mich bis an meine Grenzen. Ich war als Gründerin zehnmal im Fernsehen und 20mal im Hörfunk. Bei den 80 Presseberichten stand ich den Interviewern stets zur Verfügung. Außerdem leitete ich alleine die AGUS-Gruppe in Bayreuth. Sie hatte für mich Priorität neben all den anderen Aufgaben. Doch der Telefondienst und die Öffentlichkeitsarbeit liefen nebenher, auch am Wochenende. Es war im Grunde ein Bereitschaftsdienst rund um die Uhr.

Durch den jahrelangen Stress zog ich mir neben Tinnitus ein nicht operables Augenleiden zu. Seit dem Jahre 2000 schwebt das Damoklesschwert einer drohenden Erblindung über mir. Ich bekam das **Attest „dienstunfähig im Ehrenamt"** und zog die Konsequenz. Die Einbuße von Lebensqualität manifestierte sich leider auch im Verbot, noch selbst Auto zu fahren. Dies traf mich besonders empfindlich.

Gottlob hatte die AGUS-Initiative bereits ein recht festes Fundament erreicht. In **Dr. Klaus Bayerlein** sah ich einen würdigen Nachfolger für den Vereinsvorsitzenden, selbst betroffen und hilfsbereit. Trotz seiner vielen Tätigkeiten hat er sich großartig für AGUS eingesetzt, sonst würde mein Werk wohl nicht mehr bestehen. Bei der Jahrestagung 2001 wurde ich zur Ehrenvorsitzenden ernannt, zugleich trat ich offiziell als Vorsitzende zurück. In diesem Zusammenhang fällt mir eine treffende Bemerkung von Christiane Herzog kurz vor ihrem Tod ein. Sie bezeich-

Mein Rücktritt

nete sich als "berufstätig im Ehrenamt". Dürfte ich das auch für mich in Anspruch nehmen, zumal ich erst jenseits der Pensionsgrenze mit dem AGUS-Aufbau begonnen hatte?

Die Verantwortung habe ich schweren Herzens abgegeben. Ich fiel dadurch in ein tiefes Loch. Gab ich doch alle Rechte und Mitsprache an meinem Lebenswerk ab - so bestimmte es die AGUS-Satzung. Später reflektierte ich, ob eine begrenzte Auszeit nicht der bessere Weg gewesen wäre. An dieser Stelle möchte ich dem Leitenden Medizinischen Direktor **Dr. Klaus Panitz** aus Landshut danken. Er hat für meine Situation viel Verständnis gezeigt und sich für mich zwecks einer Änderung im Vereinsrecht eingesetzt. Sein Antrag wurde jedoch nicht angenommen. Viele meinten, es wäre dieser Weg das Beste für mich und vor allem für meine Gesundheit. Vielleicht haben sie Recht. Aus dieser persönlichen Krise habe ich gelernt, was es heißt, etwas sehr Wertvolles loszulassen. Ja, etwas loszulassen, was Herzblut gekostet hat.

Obwohl quasi verabschiedet, arbeite ich für AGUS allerdings noch weiter mit. Meine Telefonnummer kursiert vor allem via Internet immer noch in ganz Deutschland. Ich verweigere mich nicht den Anrufern, kann sie allerdings jetzt an das Büro weiterleiten. Es lässt sich wegen der knappen Dienststunden nicht alles delegieren, und so helfe ich im Rahmen meiner Möglichkeiten mit, dass alle Anfragen gehört werden. Zum Jubiläum im Jahr 2004 habe ich gerne die Einladung des Vorstandes angenommen und den Festvortrag gehalten. Anschließend habe ich beim **ersten Bayreuther Gedenkgottesdienst für Suizidopfer** in der Friedenskirche mitgewirkt.

Seit Frau Elisabeth Brockmann die Bundesgeschäftsstelle führt, habe ich volles Vertrauen, dass mein Lebenswerk eine Zukunft hat. Sie setzt sich sehr für den Fortbestand von AGUS ein. Deshalb kann ich auch den Satz aus einem Brief von **Dr. Alberts** (erster Befürworter von AGUS) zu meinem Rücktritt und dem daraus folgernden Abschiednehmen akzeptieren: „**Mit der seinerzeitigen Gründung des**

AGUS-Jubiläum 2005: Von links: AGUS-Vorsitzender Dr. Klaus Bayerlein, Bundestagsabgeordnete Annette Kramme, 2. Vorsitzende Irene von der Weth, Emmy Meixner-Wülker, Pfarrer Gottfried Lindner

Vereins haben Sie etwas ausgelöst, was inzwischen ausreichende eigene Schubkraft entwickelt hat."

Jetzt blicke ich mehr mit Beschaulichkeit auf AGUS und freue mich an weiteren Erfolgen, z.B. weiteren Gruppengründungen, das große Interesse an der AGUS-Ausstellung, für die ich die Urheberrechte habe und die neue AGUS-Stiftung, die ich finanziell unterstützt und mit gegründet habe. Prof. Böcker sagte mir am Anfang: *"Verlassen Sie sich nicht auf öffentliche Förderung. Streben Sie nur private Spenden an!"* Das hat die AGUS im Rahmen ihrer Möglichkeiten getan. Mit Zuwendungen durch die Krankenkassen sowie der Stadt und des Landkreises haben wir bei äußerster Sparsamkeit bisher überlebt. Natürlich leiden wir wie viele andere gemeinnützige Vereine auch: unter chronischem Geldmangel. Wir spüren das, was ich bei einem SH-Kongress in Bad Homburg einmal hörte: *„Im Mittelpunkt steht der Mensch, doch im Vordergrund steht das Geld."*

Ausblick

Und nach wie vor gilt die Frage auf der Schlusstafel unserer Ausstellung aus dem Jahr 1999: "AGUS - Wohin?" Das Herz spricht doch immer noch mit! Abgesehen von den Neumeldungen, die bei mir noch landen, gibt es immer wieder Anfragen aus ganz Deutschland, wo es denn in der Nähe ihres Wohnortes die beste Therapiemöglichkeit gäbe. Solche Anrufer machen sich große Sorgen um gefährdete Angehörige und finden sich in unserem Therapeutendschungel nicht zurecht.

Natürlich kann ich ihnen nicht helfen, führe zu ihrer Beruhigung eine Art Telefonseelsorgegespräch und verweise sie an das nächste Gesundheitsamt, damit sie dort den Namen eines geeigneten Therapeuten erfahren, denn der stationäre Aufenthalt in einer Klinik wird nach wie vor als Stigmatisierung abgelehnt. Hier muss weiter dringend Aufklärung erfolgen und mehr Durchsichtigkeit in der Psychotherapielandschaft geschaffen werden.

In Bezug auf die bundesweite AGUS ist es erstrebenswert, dass Ärzte und Psychologen verstärkt Suizidbetroffene an Selbsthilfegruppen verweisen und zwar zu ihrer eigenen Entlastung. In unserer Region habe ich die sehr positive Erfahrung gemacht, dass durch niedergelassene Psychiater und Psychologen Suizidbetroffene an die AGUS Bayreuth verwiesen werden, die dann dort Vertrauen zur Selbsthilfegruppe fassten und fortan gern und regelmäßig kamen.

Ausblick

Wenn wir jedes Jahr die fünfstelligen Suizidzahlen vorgestellt bekommen, die zwischen 11.000 und 15.000 schwanken, und damit laut Statistik noch vor den Verkehrstoten liegen, so ist das erschütternd. Dabei ist die Dunkeziffer nicht berücksichtigt. Man denke dabei nur an die absichtlich herbeigeführten Verkehrsunfälle, die als Unglücksfall deklariert werden. Für mich ist vor allem eines wichtig, nämlich, dass Sünde, Schande und Tabu endlich aufgehoben werden, damit die Menschen offen mit der Wahrheit umgehen. Ich glaube nicht, dass dadurch die Zahl der Suizide ansteigen würde, denn wer das Leben für sinnvoll und lebenswert hält, der wirft es nicht so schnell weg.

Was ich ebenfalls mit Befriedigung beobachte, sind Umdenkprozesse bei kirchlichen Institutionen. Zwar berichtete am 5. September 1999 ein Artikel in der *„Katholischen Kirchenzeitung für das Bistum Mainz"* mit der Überschrift *„Petersdom ist nicht entweiht"* von der Selbsttötung eines 63-jährigen Rentners. Er erschoss sich im Dom. Im Bericht wurde diese *„die Heiligkeit des Ortes verletzende schwerwiegende Handlung"* als *„Schändung der Kirche"* bezeichnet, und die *„Besprühung des Altars und der Kirchenwände mit Weihwasser"* als *„Bußakt"* darstellt. Dagegen stand ein sehr ermutigender Artikel vom Frühjahr 2000 im *„Konradsblatt"*, der katholischen Kirchenzeitung für das Bistum Freiburg gegenüber: Unter der Überschrift *„Kreuze aufgedrückt -* **Osnabrücker Bischof Bode** *bittet um Vergebung"* ist von der weltweit beachteten Vergebungsbitte des Papstes die Rede, in die der genannte Bischof auch die Menschen einschloss, die „aus Not und Verzweiflung ihrem Leben ein Ende setzten und denen die Kirche die geweihte Erde verweigert habe".

Solche Mitteilungen über die Ansichten hoher Kirchenmänner lassen hoffen. Beide Presseberichte erhielt ich übrigens von AGUS-Leuten, die mir für meine Arbeit dankten und mich zum Weitermachen aufforderten. In der Tat sehe ich deshalb heute die Trauerrede beim Tod des Vaters meiner Kinder versöhnlicher. Mit dem Ausspruch: *„Wer so etwas tut, den hat der Teufel am Kragen!",* hatte der evangelische Geistliche 1963 aus seiner Zeit heraus gesprochen und gar nicht erkannt, dass er mir und meinen Kindern *„Kreuze aufgedrückt"* hat, und uns statt Freiheit in der Kirche Enge hat erfahren lassen. - Wie ich bereits ausführte, habe ich seit damals aufgeschlossene Mitstreiter unter den Kirchenvertretern gefunden. Inzwischen wurde mein erster Mann umgebettet und fand in Bayreuth ein neues Grab. Für mich war das ein Zeichen der Wiedergutmachung. *(Traueransprache der Umbettung finden Sie auf Seite 140ff)*

Der **Bischof von Schweden, Dr. Hubertus Brandenburg**, der meinen ersten Ehemann Reinhart Wülker gut kannte, hat mir nach der Lektüre von "Gegen die Mauer des Schweigens" eine wohltuende Rückmeldung gegeben. Er schrieb: "Ich habe bei der Lektüre sehr an Reinhart denken müssen. Unter seinen Freunden war er sehr beliebt und als ein besonders begabter und ernsthafter Mensch geachtet." Ich kann gar nicht sagen, wie ich mich über diesen Satz gefreut habe. Und hier und heute denke ich an Hunderte von Suizidtoten, die von ihren Angehörigen und Freunden ähnlich beurteilt wurden, über die man aber nach deren unverständlichem Tod schwieg. Schon deshalb quälten sie sich mit dem Leidens- und Erklärungsdruck und waren bestrebt, die guten Erinnerungen zu wahren und Anderen mitzuteilen, denn wer nicht über die Toten spricht, der lässt sie ein zweites Mal sterben. Dieses Gefühlschaos zu beleuchten, war stets ein Hauptanliegen meiner Arbeit.

Emeritierter Bischof von Schweden, Dr. Hubertus Brandenburg

Ich bin stolz und glücklich, dass ich so viele Unglückliche aus der dumpfen Trauer holen konnte, ganz im Sinne von Prof. Frankl's Motto: "Trotzdem Ja zum Leben sagen!" Für uns gilt der Grundsatz: Wir sind keine Verbrecher, wir können uns offen zu der Handlung unserer Toten bekennen, weil weder sie noch wir schuldig sind. Wir fordern die Institutionen von Kirche und Gesellschaft auf, die Lichtblicke zur Aufklärung und Enttabuisierung weiter zu verfolgen, zum Wohle aller Suizid-Opfer. Hilfreich fände ich eine öffentliche Entschuldigung beider Kirchen für das Unrecht, das Suizidenten und ihre Angehörigen über Jahrhunderte erlitten haben.

Bei den Betroffenen ist die Vergebungsbitte des Papstes für das kirchliche Fehlverhalten aus dem Jahre 2000 noch nicht angekommen. Hilfreich fände ich ein Dekret des Vatikans speziell für die so genannten „*Selbstmörder*". Denn sie wurden bis heute nicht namentlich benannt. Das wäre eine gewaltige Befreiung für die Angehörigen, die immer noch unter dem Eindruck der Schande leiden.

Trauer von Manuela Ahrens

Scharfer Schmerz durchsticht die Seele, lähmt und tötet den Verstand.
Wie ein Werk von Teufelshand. Sag, warum ich mich so quäle!
Sehnsucht wird zu meiner Leiter, inspiriert mich, treibt mich weiter,
wirft mich aber auch zurück, wenn enttäuscht ich bin vom Glück.

10. AGUS e.V. Bayreuth 2007
von Gottfried Lindner (AGUS-Vorstand)

AGUS e.V. ist im Jahre 2007 ein wachsender Selbsthilfeverein für Trauernde nach dem Suizid eines nahe stehenden Menschen. Er führt die Gründungs- und Aufbauarbeit von Emmy Meixner-Wülker fort und profitiert von ihrer ehrenamtlichen Basisarbeit, ihren vielfältigen Erfahrungen und vor allem dem umfangreichen Medienmaterial. Er macht vor allem deutlich, dass der Suizid kein Randgruppenthema ist, vielmehr ein Problem, das alle angeht. Jährlich sterben in Deutschland fast 11.000 Menschen durch Selbsttötung. Die WHO geht davon aus, dass bei jedem Tod etwa sechs bis acht nahe stehende Angehörige unmittelbar betroffen sind. In Deutschland werden also jährlich mindestens 66.000 bis 88.000 Menschen mit einem Suizid neu konfrontiert.

AGUS e.V. - Ziele und Angebote
Die besonderen Erschwernisse in der Trauer nach Suizid erfordern besondere Hilfen. AGUS informiert Trauernde nach Suizid über verschiedene Möglichkeiten der Hilfe und stellt ihr Wissen und ihre Erfahrungen anderen zur Verfügung, um diese tiefgreifende Lebenskrise zu bewältigen.

Zweck des Vereins ist es, Suizidtrauernde zu unterstützen durch
- ✗ Beratung und Betreuung der Betroffenen
- ✗ Vermittlung von Kontakten Betroffener untereinander
- ✗ Förderung und Gründung regionaler Selbsthilfegruppen
- ✗ Öffentlichkeitsarbeit zur Weckung des Verständnisses für diese Personengruppe, in besonderem Maße durch die Medien
- ✗ Zusammenarbeit mit der Fachwelt, mit Behörden und anderen Einrichtungen

AGUS-Selbsthilfegruppen:
Inzwischen haben sich fast 50 AGUS-Selbsthilfegruppen für Trauernde nach Suizid in Deutschland gebildet: Aachen, Arnsberg, Aschaffenburg, Augsburg, Baden-Baden, Bad Soden, Bad Tölz, Bad Kissingen, Bayreuth, Berlin (2), Bonn, Braunschweig, Chemnitz, Coburg, Düsseldorf, Ense, Essen, Fulda, Gütersloh, Hamburg, Hannover, Ingolstadt, Iserlohn, Karlsruhe, Kempten, Köln, Landshut, Leipzig, Memmingen, Mörfelden/Frankfurt, Mühldorf/Inn, München, Münster, Nürnberg, Öhringen/Heilbronn, Osnabrück, Schongau, Soest, Weilheim, Ulm, Weiden/Opf., Weimar, Wetzlar, Würzburg (2), Zwickau. Weitere Gruppen sind in Gründung.

AGUS-Seminare und AGUS-Gruppenleiterseminare
Regelmäßig bietet AGUS Seminare an, um Trauernden nach Suizid die Möglichkeit zu geben, in einer vorurteilsfreien Atmosphäre zusammen zu kommen, sich mit anderen Betroffenen auszutauschen und durch kompetente Anleitung neue Sichtweisen und Handlungsmöglichkeiten zu lernen. In Leiterseminaren können sich Interessierte über die Anforderungen für eine Gruppenleitung informieren, Grundwissen erwerben und sich praktische Hinweise für den Ablauf von Gruppentreffen holen. In regelmäßigen Aufbauseminaren wird das Wissen vertieft.

AGUS-Jahrestagung
Jedes Jahr im Oktober treffen sich Betroffene, Interessierte und professionelle Helfer zur Jahrestagung in Bad Berneck (Nähe Bayreuth) mit Fachvorträgen, Berichten Betroffener und vielen Gesprächsgruppen

AGUS-Materialien
- ✗ Wander-Ausstellung: Gegen die Mauer des Schweigens
- ✗ Broschüre: Gegen die Mauer des Schweigens
- ✗ Videokassette: Gegen die Mauer des Schweigens
- ✗ CD: Wege aus der Verzweiflung
- ✗ Literatur- und Veranstaltungshinweise
- ✗ Rundbriefe (2 x jährlich) u.v.m.

AGUS e.V. - Die Organisation
AGUS ist seit 1995 ein eingetragener Verein, der durch Emmy Meixner-Wülker gegründet wurde. Sitz des Vereins und der Bundesgeschäftsstelle ist Bayreuth. Mitgliederstand 2007: 600. AGUS e.V. ist Mitglied beim TrauerInstitutDeutschland (TID), bei der Deutschen Gesellschaft für Suizid-prävention (DGS) und beim Paritätischen Wohlfahrtsverband. AGUS wird gefördert von den gesetzlichen Krankenkassen, ist aber weitgehend auf Spenden angewiesen.

Spendenkonto: AGUS e.V. Bayreuth, Sparkasse Oberpfalz Nord
Konto-Nr. 9050 (BLZ 753 500 00)

Konto AGUS-Stiftung:
VR-Bank Bayreuth (BLZ 773 900 00), Konto Nr. 805 114 080.

Bundesgeschäftsstelle:
AGUS e.V. Markgrafenallee 3 a, 95448 Bayreuth
Tel.: 0921/1500380; Fax: 0921/1500879
Email: agus-selbsthilfe@t-online.de
Internet: www.agus-selbsthilfe.de

AGUS-Stiftung

Eine Stiftung speziell für den Fortbestand von AGUS war seit vielen Jahren der Wunsch der AGUS-Gründerin und des Vorstandes. Immer wieder versuchte der Vorstand, neben Mitgliedsbeiträgen, Spenden und Zuwendungen der gesetzlichen Krankenkassen eine dauerhafte öffentliche Förderung zu erhalten. Leider war das nicht möglich.

Der erste Vorsitzende des AGUS-Vorstandes (seit 2000), Dr. Klaus Bayerlein, hat den Stiftungsgedanken voran gebracht. Mit einem Kapital von 70.000 Euro konnte am 1. Februar 2006 die AGUS-Stiftung zusammen mit der Gründerin Emmy Meixner-Wülker errichtet werden. Bei einem kleinen Festakt übergab Oberfrankens Regierungspräsident Hans Angerer am 24. Februar die Anerkennungsurkunde mit den Worten: *"Stiftungen sind seit Jahrhunderten das Mittel, um auf Dauer ein bestimmtes Ziel zu realisieren. Stiftungen haben auch alle staatspolitischen Umwälzungen überstanden. Ich hoffe, dass die inzwischen deutschlandweit anerkannte Einrichtung AGUS – deren Wurzeln in Bayreuth sind – nun ihre Arbeit auf Dauer fortführen kann"*. Die AGUS-Stiftung hat den Zweck: *"die Betreuung und Unterstützung von Hinterbliebenen und Betroffenen von Suizidfällen zu fördern und die Arbeit und Projekte des Vereins zu unterstützen."*

Überreichung der Urkunde der AGUS-Stiftung vom Regierungspräsidenten von Oberfranken an die beiden Stifter. Im Bild von links: Emmy Meixner-Wülker, Regierungspräsident Hans Angerer und Dr. Klaus Bayerlein

Zustiftungen notwendig
Die Errichtung der Stiftung ist allerdings nur ein Anfang. Mit dem gegenwärtigen Stiftungskapital von knapp 100.000 Euro ist AGUS-Arbeit noch nicht auf Dauer gesichert. Zustiftungen sind notwendig. Je höher das Stiftungskapital ist, desto höher werden auch die Erträge sein, die dann dem Verein AGUS zur Verfügung stehen. Zustiftungen können vergleichbar mit gemeinnützigen Spenden steuerlich geltend gemacht werden, sogar in einem größeren Rahmen. Weitere Möglichkeiten für Zustiftungen bestehen auf dem Wege der letztwilligen Verfügung, also durch Erbschaften und Vermächtnisse. Eine selbständige Stiftung verwaltet das ihr gestiftete Kapital und verwendet den jährlichen Überschuss - also in der Regel die Zinsen - für den Stiftungszweck. Stiftungszweck der AGUS-Stiftung ist die Finanzierung des Vereins AGUS und seiner Selbsthilfegruppen. Die AGUS-Stiftung ist inzwischen vom Finanzamt als gemeinnützig anerkannt worden. Neben Zustiftungen kann die Stiftung auch Spenden annehmen, die sie getreu ihrem Stiftungszweck dem Verein AGUS zukommen lassen wird.

Die Geschäftsführung der AGUS-Stiftung hat Dr. Klaus Bayerlein, übernommen. Für den Stiftungsrat konnten die beiden Bayreuther **Prof. Dr. Peter Oberender** und Bankdirektor **Karlheinz Löbl** gewonnen werden.

AGUS und die Psychosoziale Szene
Grußwort Prof. Dr. Wolfersdorf

„Zur Herausgabe dieses Buches über die Geschichte von AGUS, die ja eng mit der Lebensgeschichte von Frau Meixner-Wülker verbunden ist, darf ich herzlich gratulieren und auch die besten Grüße meines Hauses, des Bezirkskrankenhauses Bayreuth, insbesondere der dortigen Klinik für Psychiatrie, Psychotherapie und Psychosomatik, überbringen. Ich selber hatte ja das Vergnügen, Frau Meixner-Wülker und ihre AGUS-Initiative seit den frühen Jahren immer wieder beratend begleiten zu können, wobei ich für all diese Erlebnisse und Kontakte dankbar bin und mich über die Integration von AGUS in die deutsche psychosoziale Szene außerordentlich freue.

Suizidprävention ist in der Gesundheitspolitik angekommen. Das Nationale Suizidpräventionsprogramm Deutschland (NASPRO), ins Leben gerufen und geleitet von Herrn Prof. Dr. med. Dr. phil. Dipl.-Psych. Armin Schmidtke, Würzburg, ist ein deutliches Beispiel dafür, weitere

Beispiele wären das Kompetenznetz Depression/Suizidalität unter Leitung von Herrn Prof. Dr. med. Ulrich Hegerl, der mit seinen Mitarbeiterinnen und Mitarbeitern im "Nürnberger Bündnis gegen Depression" die Wirksamkeit suizidpräventiver Maßnahmen in der Allgemeinbevölkerung zeigen konnte. Auch in Aktivitäten des Bundesgesundheitsministeriums, wie "gesundheitsziele.de", hier die Arbeitsgruppe: Depression, an der ich selber teilnehmen konnte, hat nun das Thema Suizidalität im Kontext von Depressionsbehandlung einbezogen. Im so genannten "Greenbook" der EU-Kommission für Gesundheit, das im Oktober 2005 an alle Länder der EU verteilt wurde, steht neben den Zielen Drogenprävention und Prävention depressiver Erkrankungen die Reduktion der Suizidmortalität in den EU-Ländern an vorderster Stelle. Suizidprävention, und damit ist automatisch auch die Hilfe von Menschen, die von einem Suizid betroffen sind, einbezogen, ist also ein gesundheitspolitisches Thema geworden.

Weniger Suizide
Die Suizidraten sind in Deutschland seit den 80er Jahren deutlich gesunken und liegen in den letzten Jahren zwischen 10.000 und 11.000 Suiziden pro Jahr. Dies ist immer noch ein Drittel mehr als die Kfz-Mortalität auf unseren Straßen, allerdings ist es deutlich weniger als vor 20 Jahren. Dies kann als Verdienst Vieler betrachtet werden. Die Zahl der Einrichtungen, die sich mit Krisenintervention und Suizidprävention spezifisch oder auch allgemein beschäftigen, hat signifikant zugenommen, die Zahl der niedergelassenen Nervenärzte und Psychiater, der Psychotherapeuten ärztlicher oder psychologischer Abstammung, unser Wissen und die Ausbildung in Suizidologie in Medizin, Psychologie, Sozialwissenschaften und Theologie hat deutlich zugenommen. Ein Beispiel hierfür ist, dass in den Lehrbüchern für Psychiatrie und Psychotherapie das Thema Suizidprävention in den letzten 15 Jahren explizit als Querschnittsthema bearbeitet wird.

Die "Selbsthilfe" hat dabei einen bedeutsamen Beitrag geleistet und leistet diesen weiter. Spezifische Einrichtungen hierfür sind neben den Angeboten z.B. der "Arbeitskreis Leben" für Hinterbliebene von Suizidtoten vor allem die AGUS-Vereine in Deutschland, ausgehend von AGUS Bayreuth von nun über 20 Jahren. "Selbsthilfe" gehört heute im Bereich Psychiatrie und Psychotherapie oder auch im Bereich der psychosozialen Arbeit zu den wichtigen Säulen von therapeutischer Intervention bei Krisen und psychischen Erkrankungen: Psychotherapeutisch-psychodynamische Aspekte, biologische Behandlungsmaßnahmen, sozialpsychiatrisch-psychosoziale Maßnahmen und als vierte Säule in den letzten 15 bis 20 Jahren in Deutschland die Selbsthilfe. Dazu gehört AGUS und darin liegt auch die große Bedeutung, die diese Selbsthilfeaktivität für Menschen, die durch den Suizid eines Angehörigen betroffen sind, ausweist.

AGUS hat das Denken verändert

Als AGUS vor fast 20 Jahren gegründet wurde, haben wir nicht an diese wichtige Bedeutung gedacht, heute ist Arbeit mit Betroffenen ein wichtiger Bestandteil der deutschen Gesundheitspolitik, der Psychiatrie, Psychotherapie und Psychosomatik, ein wichtiger Bestandteil des Nationalen Suizidpräventionsprogrammes. Das große Verdienst von Frau Emmy Meixner-Wülker ist es, diese Bewegung initiiert zu haben. Danach war es wichtig, AGUS einen Stellenwert in der deutschen psychosozialen Versorgungsszene zuzuweisen. Nach dem Rücktritt der AGUS-Gründerin hat besonders Frau Brockmann, die nun das AGUS-Büro leitet, zusammen mit dem Vorstand einen wichtigen Beitrag im versorgungspolitischen Rahmen des Nationalen Suizidpräventionsprogramms Deutschland (NASPRO) geleistet.

Als langjähriges Mitglied des Vorstandes der Deutschen Gesellschaft für Suizidprävention (DGS), derzeitiger Sprecher des Arbeitskreises zur Erforschung suizidalen Verhaltens der DGS und als Leiter des Referates Suizidologie der Deutschen Gesellschaft für Psychiatrie, Psychotherapie und Nervenheilkunde (DGPPN) darf ich dem Verein AGUS Bayreuth und allen, die sich darum verdient gemacht haben, sehr herzlich gratulieren und danken für diesen wertvollen Beitrag zur Verbesserung der psychosozialen Versorgung und der Fürsorge für durch Suizid betroffene Menschen. Ich wünsche AGUS Bayreuth und AGUS Deutschland weiterhin gutes Gelingen."

Prof. Dr. med. Dr. h. c. M. Wolfersdorf,
Ärztlicher Direktor,
Chefarzt der Klinik für Psychiatrie,
Psychotherapie und Psychosomatik

11. AGUS-Ausstellung

Im Jahre 1998, zehn Jahre nach der Gruppengründung, wurde die AGUS-Ausstellung im Bayreuther Landratsamt der Öffentlichkeit vorgestellt. Dankenswerter Weise hatte der Landrat Dr. Dietel die Schirmherrschaft übernommen. Auch Prof. Dr. Wolfersdorf sprach ein Grußwort. Die Designerin Eva Lerner aus Bayreuth – selbst eine Betroffene – hatte sie mit der Unterstützung der Firma Konzept, Bayreuth, layoutet. Texte, Bilder und Ideen wurden in enger Zusammenarbeit mit Emmy Meixner-Wülker zusammengestellt. Sie ist auch die Eigentümerin der Ausstellung, die den Titel trägt: "Gegen die Mauer des Schweigens"

24 Ausstellungstafeln
Die AGUS-Ausstellung umfasst neben dem Titelplakat 24 Wandtafeln, die nach Themen geordnet sind. Die erste Gruppe mit sechs Tafeln trägt das Thema:

„Aus dumpfer Trauer hervorgewagt-AGUS" und beschreibt die Entstehungsgeschichte der Initiative. Die sechste Tafel fragt: **"wohin? Wird AGUS Zukunft haben?"**

Im zweiten grossen Teil mit 13 Tafel werden die Themen der Betroffenen beleuchtet: **„Die Mauer des Schweigens", „Erinnerungen fressen mich auf"** und **„Warum? - das fragt man sich immer."**
Die letzten fünf Tafeln zeigen "**AGUS im Spiegel der Presse"** und erste "**Anerkennungen"** in der Öffentlichkeit.

Aus dumpfer
AGUS – ein Lebenslauf

Emmy Wülker mit ihren beiden Kindern. Aus der eigenen Betroffenheit erwächst nach Jahren der Trauer die AGUS

- Durch die eigene Betroffenheit angeregt, macht sich Emmy Meixner-Wülker Gedanken über das Thema Suizid und die Hinterbliebenen

- AGUS-Gründerin Emmy Meixner-Wülker wird durch eine Tagung der Deutschen Gesellschaft für Suizidprävention (DGS) dazu angeregt, eine Selbsthilfegruppe zu gründen

Wer ist AGUS?

AGUS – das steht für "Angehörige um Suizid"

AGUS – das sind Angehörige, die sich regelmäßig treffen und sich in ihrem schweren Schicksal unterstützen

AGUS – das ist ein engagierter Verein mit Sitz in Bayreuth und der Zeit 175 Mitglieder (Stand: 1.10.1998)

AGUS – das ist 24 Stunden Service für Menschen in Not

AGUS – das ist aber auch eine Bewegung, die in Öffentlichkeitsarbeit und bundesweiter Vernetzung auf die Probleme der Suizidhinterbliebenen aufmerksam macht.

Warum gibt es AGUS?

Suizid ist ein immer aktuelles Thema unserer Zeit. Ausgehend von Bayreuth wurde ein bescheidener Anfang gemacht, um die Suizidhinterbliebenen in ihrem Leid zu betreuen. AGUS führt Menschen mit ähnlichem Schicksal zusammen, um gegen das Tabu Suizid anzukämpfen.

Die Kerngruppe Bayreuth trifft sich einmal monatlich, an jedem 2. Samstag im Monat von im AOK-Nebengebäude, Friedrich-Puchta-Str. 21

AGUS-Ausstellung 105

Trauer hervor

- Ermutigung und Unterstützung durch Prof. Felix Böcker (bis 1996 Leiter des NKH Bth.) und Dr. Schmidt Staatliches Gesundheitsamt Bayreuth

- Eine Balintgruppe unter Psychotherapeut Dr. Martin Alberts nennt erstmals Betroffene

- Erste Betreuungsversuche unter anonymen Vorzeichen sind nicht erfolgreich. Die Idee der AGUS Gruppengründung in Bayreuth führt erst zum Ziel durch Ablegung der Anoymität der AGUS-Gründerin und Einschaltung der Medien.

Was zeigt AGUS auf?

In rein ehrenamtlicher Tätigkeit, ohne öffentliche Förderung wurden bei AGUS mittlerweile 870 Adressen von Hilfesuchenden gespeichert. (Gesamtmeldungen, Stand: 1.10.1998) Die eigentliche Arbeit der AGUS, nämlich die persönliche Betreuung der Betroffenen, ist hier nicht darstellbar. Die aufgeführten Statistiken geben nur einen kleinen Einblick in die Arbeit der AGUS.

Statistik Alter des Suizidenten

Alter	Anzahl
14	2
15	2
16	2
17	8
18	9
19	7
20	3
21-30	109
31-40	76
41-50	67
51-60	56
61-70	21
71-80	4
81-90	4
91-96	1

Statistik Beruf des Suizidenten

Beruf	Anzahl
Schüler	11
Studenten	17
Ärzte	17
Beamte	24
Angestellte	11
Techniker	34
soziale Berufe	9
Handwerker	58
Dienstleistungsberufe	9
Selbständige	5
Sonstige	52

Statistik Auslöser des Suizids

Auslöser	Anzahl
familiäre Probleme	45
gesellschaftl. Probleme	19
Sucht	28
psychische Probleme	218
körperliche Probleme	6
Sonstiges	17
Ernährungsumstellung	1
hohes Alter	1
Homosexualität	1
kriminelle Tat	1
Sektenmitgliedschaft	3
überhöhte Selbstforderung	9
vertuscht	1

Stand: August 1998

AGUS-Ausstellung

Jahresversammlung im Oktober 1997, bei der bundesweit AGUS-Mitglieder teilgenommen haben

(v. r. n. l.) 2. AGUS-Vorsitzender K. Bayerlein, Prof. M. Wolfersdorf (Geschäftsführer der DGS und Leiter des Bezirkskrankenhauses Bayreuth), 1. Vorsitzende E. Meixner-Wülker, Dr. W. Schmidt (Staatl. Gesundheitsamt Bayreuth), AGUS-Schatzmeisterin B. Schinner

Gruppengründung 1998 in Berlin

Gruppen in Planung 1998: Bonn und Erfurt

Die Selbsthilfe-Gruppen haben sich durch die Vermittlung der Zentralstelle Bayreuth aufgrund von *Einzel- und Mehrfachkontakten*, auch über Betroffenenlisten gegründet. Gruppen-Begleiter stammen meist aus *Helferberufen* und verfügen über ein hohes Maß an *Engagement*. Als Betroffene wenden sie sich oft bei AGUS-Gründungen in technischen Fragen an Beratungsstellen. AGUS braucht in Zukunft verstärkt *Multiplikatoren und öffentliche Förderung*, um die geplanten Gruppen-Gründungen zu verwirklichen.

gewagt...

- Emmy Meixner-Wülker trägt ihr Selbsthilfe-Projekt am 22. 2. 1989 im Staatl. Gesundheitsamt Bth. vor
- Zeitungsnotiz: „Für die Zukunft müsse man an die Gründung von Gruppen für [..] die Hinterbliebenen von Selbstmördern denken." NK, 25. Februar 1989
- Beginn der Gruppenarbeit: 12. 11. 1990 in Bayreuth
- Gruppengründung 1992 in Frankfurt und Amberg
- Gruppengründung 1993 in München, Landshut und Ansbach
- 1994 in Köln und Bremen

Warum ist AGUS wichtig?

AGUS – im Spiegel der Medien. Jährlich passieren in Deutschland ca. 15 000 Suizide. Bei AGUS wurden im Laufe der Zeit knapp 800 Betroffenen-Meldungen statistisch erfaßt. Die Zahlen gehen nur von den Angaben aus, die die Betroffenen gegenüber Emmy Meixner-Wülker geäußert haben und erheben daher keinen Anspruch auf Vollständigkeit.

Statistik Meldedatum

Jahr	Anzahl/ Jahr	Anzahl gesamt
1989	1	1
1990	4	5
1991	27	32
1992	191	218
1993	100	318
1994	98	416
1995	114	530
1996	80	610
1997	95	705
1998	79	784

Statistik Vermittelt durch...

Vermittel durch:	Anzahl
Medien	338
soziale Einrichtungen	97
Freunde und Bekannte	51
Krankenkassen	45
med. Beratung/Ärtze	17
gesellschaftl. Institutionen (Schule, Kripo, Kirche...)	7
Sonstige	26

Statistik Suizidarten

Suizidart	Anzahl
Erhängen	173
Gift, Autoabgase, Drogen	79
Erschießen	55
Sprung aus großer Höhe	52
Schienentod	54
Ertrinken	12
Pulsadern öffnen	8
provozierter Verkehrsunfall	5
Verbrennen	6
Ersticken	4
Elektroschock	4
Sonstiges	2

AGUS – *wohin?*

Zur *Medizin?* – Zur *Psychologie?* – Zur *Theologie?*

Was kann die *Kirche* ändern?

Ist der Begriff "*Selbstmord*" noch zeitgemäß, noch vertretbar?

Ist die reine Selbsthilfeorganisation *dem Untergang geweiht?*

Wohin?

Warum wird der *psychosoziale* Sektor nicht *öffentlich gefördert?*

Kann der *Selbsthilfegedanke* überleben?

Wird AGUS an *professionelle Helfer* übergehen?

Der Aufbau von AGUS zeigt an *870 gespeicherten Adressen* den großen Bedarf von Hilfesuchenden.

Die Gründerin und der *rein ehrenamtlich arbeitende Verein* sind nicht mehr imstande, die zu groß gewordene Belastung bundesweit zu tragen.

Wer rettet AGUS?

„Aus dumpfer Trauer hervorgewagt"

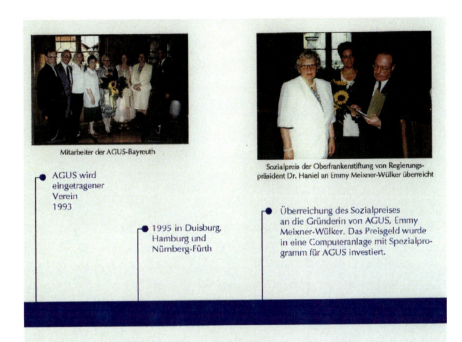

Mitarbeiter der AGUS-Bayreuth

Sozialpreis der Oberfrankenstiftung von Regierungspräsident Dr. Haniel an Emmy Meixner-Wülker überreicht

- AGUS wird eingetragener Verein 1993
- 1995 in Duisburg, Hamburg und Nürnberg-Fürth
- Überreichung des Sozialpreises an die Gründerin von AGUS, Emmy Meixner-Wülker. Das Preisgeld wurde in eine Computeranlage mit Spezialprogramm für AGUS investiert.

Wo ist AGUS?

AGUS-Gruppen sind über das gesamte Bundesgebiet verteilt. Auch die Bayreuther Gruppe, die als erste bestand, war Vorbild für viele Gruppen. Die Gruppen organisieren sich selber und legen ihr Programm individuell fest.

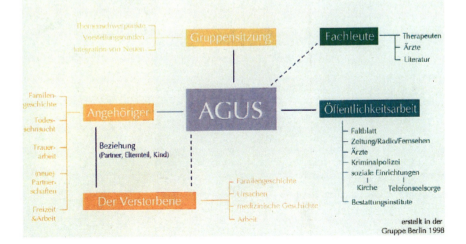

erstellt in der Gruppe Berlin 1998

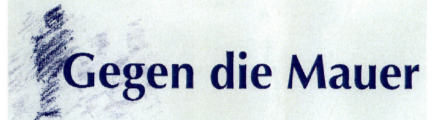

Gegen die Mauer

Die Polizei, Sachbearbeiter des Todes

Bei Suiziden ist die Kriminalpolizei die erste, die das Geschehen aufnimmt, da zunächst ein Fremdverschulden ausgeschlossen werden muß. In vielen Fällen werden die Angehörigen durch die Polizeibeamten über den Suizid informiert. Dabei klagen die Angehörigen immer wieder über unsensible Polizisten, die das Leid teilweise noch vergrößert hätten. Aber auch die Polizisten sind oft hilflos und überfordert. Um gegenseitig Verständnis für ihre Situation zu wecken, kooperiert AGUS mit der Kripo.

So kommt es neuerdings auch schon mal vor, daß die Kripo den Angehörigen den Weg zu AGUS weist. Bei der Polizei hat in den letzten Jahren ein Umdenken stattgefunden. So wird zum Beispiel der früher pauschale Rat, sich den Suizidenten nicht mehr anzuschauen, heute nicht mehr gegeben und so das vielfach gewünschte und erleichternde Abschiednehmen ermöglicht. Auch Bestattungsinstitute werden an dieser Stelle in die Zusammenarbeit zwischen Polizei und AGUS einbezogen. Eine solche Vernetzung in Bayreuth ist für ganz Deutschland vorbildlich.

Kripo-Beamte Ernst Pittroff und Eberhard Zelske mit Emmy Meixner-Wülker bei einem AGUS-Treffen, um gegenseitige Unsicherheit anzusprechen und Verständnis zu wecken.

des Schweigens

Jürgen T. nahm sich im Alter von 21 Jahren das Leben. Zu Unrecht wurde sein Tod mit einem kurz vorher begangenen *Bankraub* in Verbindung gebracht. Bis zur Klärung das Falls durch die Kripo ist seine Familie auf Grund der falschen Verdächtigungen ein halbes Jahr lang *Spießruten gelaufen*.

Jürgen T.

> **Die Stadt Bad Berneck teilt laut Aussage der Kriminalpolizei folgendes mit:**
> Gerüchte, daß der Täter des Überfalles auf die Kreissparkasse in Bischofsgrün ein Bad Bernecker war, sind völlig haltlos. Die Bevölkerung wird gebeten, diese falschen und grundlosen Behauptungen zu unterlassen.
> Bad Berneck i. F., den 18. Dezember 1991
> STADT BAD BERNECK i. F., Albert, Erster Bürgermeister

So nicht!

Freitod eines 35jährigen

Ein 35jähriger Bayreuther beging gestern in den frühen Morgenstunden Suizid. Der Mann erhängte sich an einem Baum unmittelbar vor dem Eingang zum Städtischen Stadion an der Mainseite. Eine Geschäftsfrau, die auf dem Weg zur Arbeit war, entdeckte den Toten. Polizei, Notarzt und Sanitäter kamen gegen 10 Uhr an den Ort des Geschehens. Zu diesem Zeitpunkt sei der 35jährige bereits einige Stunden tot gewesen, hieß es vor Ort. Foto: Tritschel

Auch durch die *Berichterstattung über Suizid* wird dazu beigetragen, daß die Arbeit der Polizei ins falsche Licht gerät. Zeitungsreporter und Fotografen gehen oft *sehr unsensibel* mit dem Thema Suizid um. Beispielsweise sprach ein Redakteur im Coburger Tageblatt bei einem versuchten Suizid durch einen Sprung aus großer Höhe von *"Freiluftakrobatik"*. Der Verzweifelte hatte kurz zuvor seinen Arbeitsplatz verloren.

Man sollte *zu Gunsten der Menschlichkeit* auf einen "Reißer" verzichten.

AGUS sagt: „So nicht!"

Gegen die Mauer

AGUS versucht mit dem Tabu Suizid in der Gesellschaft offen umzugehen

Die Angehörigen von Suizidenten erfahren oft Ausgrenzung. Menschen, die nicht von solch einem Schicksalsschlag getroffen wurden, wissen oft nicht wie sie sich verhalten sollen. Schweigen, Verschweigen, Verurteilen, Ausgrenzen oder Schuldzuweisung sind die häufigsten Reaktionen. Die Verteufelung des Suizids ist bis in das 6. Jahrhundert zurückzuverfolgen. Doch auch die Kirche hat im Laufe der Zeit dazu gelernt!

"Auch ich erfuhr von der Kirche weder Trost noch Verständnis. Zitat des Pfarrers: 'Wie ein Mensch lebt, so stirbt er.'"

"Ich bin total alleingelassen. In meiner Kleinstadt – wo sich viele kennen – wechselt man doch die Straßenseite, wenn ich in der Gegend bin."

des Schweigens

Die Kirche – zwischen Sünde und Akzeptanz

Um das Jahr 0 war der Suizid noch als Märtyrertod oder Ehrentod geachtet. Augustinus wendete im 5. Jahrhundert das Gebot „Du sollst nicht töten" auch auf den Suizid an. Thomas von Aquin sagt im 13. Jahrhundert: Selbsttötung ist Mord!

Heute vor acht Jahren
nahm sich meine Tochter
Undine
das Leben.
Sie fehlt mir unendlich.
Anne Kinner

Die massive Verurteilung der Selbsttötung als "Selbstmord" prägt die Überlieferung bis heute, sie prägt die kirchliche Lebenspraxis mit allerlei Kirchenstrafen bis zur Verweigerung kirchlicher Bestattung. Erst seit 1983 wird in der Kirche laut Codex Juris Canonici das Begräbnis nicht mehr verweigert.

Theologen wie Bonhoeffer haben schon lange bevor sich der kirchliche Wandel vollzogen hatte, gesagt:

„Der *Selbstmord* ist der Versuch des Menschen,
einem *menschlich sinnlos* gewordenen Leben einen
letzten *menschlichen Sinn* zu verleihen."

Ein einmaliges Motiv in der ganzen Kunstgeschichte: Christus nimmt den Leichnam des erhängten Judas auf seine Schultern und trägt ihn wie der gute Hirt das verlorene Schaf. Zu sehen in der Kathedrale von Vezelay.

Die Kirche, die sonst in allen Lebenslagen für den Menschen da sein will, grenzt oft die Angehörigen von Suizidenten aus. Sie verurteilt den "Selbstmord" und verdammt den "Selbstmörder". Heute hat ein langsamer Wandel hin zur Akzeptanz von Suizidenten und deren Angehörigen begonnen.

„Das Schlimmste waren *die Anschuldigungen* von den Angehörigen meines Mannes. Zum Beispiel ein Brief mit einem großen Kreuzzeichen und der Schrift dazu: *Es ist vollbracht.* Ich war so *voller Not und Leid,* daß ich nach Jahren noch Weinkrämpfe bekam, wenn ich gefragt und angesprochen wurde."

Äußerung des Pfarres in *Trauerrede* für Dr. Wülker: "Wer so etwas tut, den hat der *Teufel* am Kragen."

„Wer will nun eigentlich wissen, daß *Gott* ein Leben, das ja ihm gehört, nicht auch einmal *in dieser Form* aus den Händen des Menschen zurückverlangen könnte?"

aus: "Die kirchliche Dogmatik" von Karl Barth

„Ich möchte mir gern einen *Gott* vorstellen, der dem Menschen, als er *ihm das Leben anvertraute,* auch die Möglichkeit anvertraut hat, *dieses Leben zu beenden."*

Walter Dirks, kath. Theologe und Publizist

Seit Jahren kämpft AGUS gegen die Verwendung des Wortes "Selbstmord". Es impliziert einen Straftatbestand, der nur in den allerseltensten Fällen zutrifft. Dieses Wort aus dem deutschen Sprachschatz zu tilgen ist ein Ziel von AGUS.

Erinnerungen
Zitate und Briefe von Angehörigen

„Sehr geehrte Frau Meixner-Wülker,

irgendetwas muß ich tun, sonst werde ich wahnsinnig. Bei uns gibt es keine Gruppe, wo man in Sorge und Not hingehen kann. Über ein Jahr schon habe ich meinen Mann durch Suizid verloren. Immer dachte ich, es wird besser, bestimmt nach einem Jahr. Aber das war ein Trugschluß. Jeden Tag fehlt er mir mehr. Und ich bin ja mit so viel Schuld beladen, daß ich mich wundere, wie ich nur einen Tag so leben kann. Ich habe es nicht wahr haben wollen, wie sehr mein Mann innerlich gelitten hat, weil er krank war und nicht mehr arbeiten konnte. – Und ich habe das bei all meiner Arbeit nicht gemerkt. Die Kinder und Enkelkinder kommen immer zuerst.

Wer konnte aber auch ahnen, was in ihm vorging und daß er nach einem Autounfall nicht mehr leben wollte. Es war gar kein schlimmer Unfall, aber als ich von der Arbeit kam, war er schon nicht mehr am Leben. Ich frage mich, warum habe ich nichts an ihm bemerkt? Da setzt man doch Zeichen. Warum? Und hätte ich nur...! So verläuft jeder Tag. Aber so kann man doch nicht ewig leben. *Ich möchte so gerne, daß dieser sinnlose Tod Sinn hätte,* möchte so gerne glauben, daß es ein Leben nach dem Tod gibt. Aber ich kann mit niemandem darüber reden. Die Kinder gehen eigene Wege, für die ich eigentlich immer da war. Und den Menschen an meiner Seite, der mich so gebraucht hätte, habe ich im Stich gelassen. Damals habe ich es nicht so gesehen, aber heute fallen einem so viele kleine Dinge ein. Ich weiß einfach nicht, wie ich ohne ihn weiterleben soll. *Meinen Sie, daß ich trotz meiner Schuldgefühle es noch schaffen kann?* Die Einsamkeit ist eine hohe Strafe. Ich wünschte, seine Seele würde mich erreichen. Ich möchte so gerne, daß er mir verzeiht. Falls ich nicht die richtige Adresse habe, nehmen Sie es mir nicht übel. Ich mußte einfach meinen Kummer genau erzählen. Verzeihen Sie mir, wenn ich Sie vielleicht belästigt habe."

Ursula A., 11.09.1996

fressen mich

„Liebe Frau Meixner-Wülker,

es ist schon erstaunlich, daß wildfremde Personen einem mehr helfen und mehr Verständnis entgegen bringen, als eigene Verwandte. [...] Das Gefühl des Allein-da-stehens bedrückt mich sehr und macht mich schweigsam, weil ich glaube, daß dieses Thema immer noch *ein Tabu-Thema* ist. Sollte ich mich irren, klären Sie mich auf! Ich fühle mich verloren, verlassen und unverstanden.
Gerade weil ich Trauer, Wut, Aggression und Enttäuschung wegen meines Kindes in der ersten Zeit unterdrücken mußte.
Ich hoffe, bei Ihnen Verständnis zu bekommen. Vielleicht wissen Sie ja doch, ob in meiner Nähe Menschen sind, mit denen ich mich austauschen kann. Ich bin zwar erst 22 Jahre alt, aber ich habe meinen Mann sehr lieb gehabt. Um so mehr trifft es mich, wenn ich von anderen Menschen zu hören bekomme: „Du bist doch noch so jung; es wird schon noch ein anderer kommen, reiß dich zusammen. Du hast ja noch das Kind."
Daß mich solche Worte sehr verletzen, darauf schaut keiner, und daß ich auch nach der kurzen Beziehungsdauer sehr getroffen bin, stößt auf kein Verständnis."

Daniela P., 04.10.1996

"Ich fühle mich einfach übriggeblieben, ungefragt zurückgelassen..."

auf...

„Werte Emmy Meixner-Wülker,

es sind nun schon acht Monate vergangen, das Leben geht weiter, aber wir können diesen Schicksalsschlag nicht überwinden. Es ist immer noch unfaßbar, ich komme nicht damit zurecht. *Unsere Ehe und Familie war intakt*, unsere Kinder sind fleißig und zuverlässig. *Ich gebe mir die Schuld, weil ich nicht erkannt habe, in welchem Zustand er sich befand.* [...] Er sah keinen Ausweg und so hat er sich am 11. 6. früh um 5.00 Uhr, als wir alle noch schliefen, aufgehangen. Er war 43 Jahre und hinterläßt eine Frau und drei Kinder im Alter von 19, 14 und 11 Jahren. Wir ahnten nichts von seinem Vorhaben.

Seitdem hat sich unser Leben grundlegend verändert. Es ist so, daß die Mitmenschen, Nachbarn und Kollegen nicht richtig wissen, wie sie sich verhalten sollen. Sie machen lieber einen Bogen um uns herum und es ist auch gut so. Denn sie verstehen nicht, wie uns zu Mute ist. Bei einem Unfall nimmt man es als Schicksalsschlag hin, aber bei Selbstmord? [...] Hinterher ist alles zu spät. Ich fühle mich alleine und verlassen, mein einziger Halt sind die Kinder. Ich versuche ihnen gegenüber seine Handlung zu entschuldigen, damit sie nicht noch mehr seelisch leiden. Ich versuche außerdem ihnen ein „normales" Leben entsprechend unseren Verhältnissen zu ermöglichen. Ich jammere und klage nicht in ihrer Gegenwart, sondern ermutige sie, daß wir es alleine schaffen müssen. [...]

Man stellt sich immer wieder die Frage, warum konnte man es nicht verhindern? Auch ich ziehe mich zurück, ich werde mit der Trauer und dem schmerzlichen Verlust nicht fertig. *Wenn ich dann alleine bin, fühle ich manchmal keinen Boden unter den Füssen.* Ich bekomme Angstzustände."

Margarete S., 21.01.1991

In Gesprächen und Briefen versuchen die Angehörigen der Suizidenten ihr Leiden zu beschreiben. Selten finden sie bei Familienangehörigen und Freunden weder Trost, noch aktive Hilfe. Noch immer müssen viele mit Schuldzuweisung von außen kämpfen.

Warum? – Wenn

Ernesto S. war ein stiller Junge von 17 Jahren. Keiner, der ihn kannte, ahnte, wie groß seine Verzweiflung war. In seinem Abschiedsbrief schrieb er: "Ich kann mir keine große Zukunft mehr vorstellen." Es drängte ihn nicht, die Welt zu verändern; er fühlte sich ihr einfach nicht zugehörig. Er litt unter der christlichen Doppelmoral, die ihm aus seiner Heimatstadt entgegenschlug. Nach Ausbruch des Golfkrieges erhängte er sich.

Warum bist Du nicht einen anderen Tod gestorben?

Krebs, Herzinfarkt, Unfall? Das Übliche.

Nein, ich muß Dich in Deinem eigenen Tod verstehen.

Peter K., geboren am 8. August 1972, gestorben am 7. Oktober 1994. Peter schoß sich am 27. September 1994 in den Kopf, nach 7 Tagen erlag er in der Freiburger Uniklinik seinen Verletzungen. Er war in einer Lebensphase, in der er, bestärkt durch eine Sekte, Endzeitvisionen hatte und noch Liebeskummer dazukam.

Jugendliche den Tod wählen

Johannes G. (17 Jahre)

Aus einer Zeitungsnotiz:
Vom Zug überrollt
Schnabelwaid. In Schnabelwaid beging ein Jugendlicher am Wochenende Suizid: Er hinterließ einen Abschiedsbrief und warf sich vor einen Zug.

Im weiten Bogen der Schienen sehe ich den Zug kommen, ich trete zurück, das ist immer so, wenn ein Zug einfährt, und ich sehe ihn in seinem hellen Mantel warten. Aber er wartet nicht auf den Zug, er wartet auf die Erlösung und läuft und springt.

Beate A.

Mario aus Klagenfurt nahm seinen Tod in Bildern vorweg, bevor er den Schienentod wählte.

Warum? –

Jeder Suizid wirft Fragen auf, die unbeantwortet bleiben.

In Abschiedsbriefen drücken Menschen aus, was sie zu diesem Schritt bewegt hat. Doch manchmal fehlt ein letzter Hinweis und die Angehörigen sind mit Erklärungsversuchen auf sich gestellt.

"Lieber *Lorenz*, lieber *Michael*, liebe *Gabi*.

Ich weiß, daß ich an endogenen *Depressionen* erkrankt bin, ich weiß, daß man sie nicht heilen kann, weil noch *kein Mittel* gefunden worden ist. Ich kann nichts dafür, daß ich plötzlich von der Krankheit befallen worden bin. Ich habe schon oft *bittere Tränen* geweint, ich kann nichts dafür.

Gabi, ich hoffe, Du machst Deinen Weg. Michael, *ich habe Euch alle so lieb gehabt*. Seit Monaten ändert sich nichts an meiner Erkrankung. Ich werde *von Tag zu Tag kränker*. Wie soll ich das Leben meistern!

Ich küsse Euch alle, und ich hoffe, daß wir uns wiedersehen. Eure *unglückliche Mutter*, tausend Küsse, die nichts dafür kann."

Abschiedsbrief von Frau K.

"*Ich* verlor am 22. August diesen Jahres meinen Mann durch Suizid. *Dieser Tod* paßte so gar nicht zu ihm, denn er war eine *Kämpfernatur* mit großem Familiensinn. Fünf Wochen vor seinem Tod begann sein rapider Verfall *(Burn-out)*, und er setzte – ohne Abschiedsbrief – am Schienenstrang seinem Leben ein Ende. *Unfaßbar* für die ganze Familie.

Elke S., Leichlingen

das fragt man

Alexander S. nahm sich mit vierzehn Jahren das Leben. Das Liebste auf der Welt, seinen Hund, wollte er mitnehmen. Durch mehrere Umzüge war er reifer und erwachsener als andere seines Alters. Die Gesellschaft und die Zukunft beschäftigten ihn sehr.

Alexander S. aus Bayreuth

„Das Sterben Alexanders stellt *unsere ganze Gesellschaft* und das, was zählt unter uns, in Frage. Kurz vor seinem Tod hat Alexander sinngemäß geäußert: 'In dieser Welt zählt doch nur das Geld. *Haste was, dann biste was.* Haste 's nicht, bist du auch nichts!' Wenn immer häufiger junge Menschen ihrem Leben ein Ende setzen, dann könnte das auch damit zu tun haben, daß sie in unserer Gesellschaft *keine Zukunft* mehr sehen. Oder das Spiel nicht mehr mitspielen wollen, das da lautet: '*Geld regiert die Welt!*' "

Ausschnitt aus der Trauerrede zu Alexanders Beerdigung

Jeder Suizid birgt ein Geheimnis. Umso mehr bei Jugendlichen. Unter Kindern und Jugendlichen ist der Suizid nach dem Verkehrsunfall die häufigste Todesursache.

Alexander S. erhängte sich Ostersonntag 1998 im Keller seines Elternhauses. Seine Mutter wollte aus Verzweiflung zwei Monate später nachfolgen und unternahm einen Suizidversuch. Sie wurde gerade noch rechtzeitig gerettet und ist heute froh darüber.

Suizidangehörige unterliegen nachweislich einem erhöhten Suizidrisiko!

„Man muß sich dessen bewußt sein, daß jeder Selbstmord eine enorm *aggressive Haltung* darstellt: Wenn sich auch die Aggression des Selbstmörders gegen die *eigene Person* richtet, so sind im Grunde doch andere Menschen, vielleicht auch ihre Gesamtheit, also *die Gesellschaft*, die „eigentlich gemeinten" Ziele, wie Freud als erster zeigen konnte."

aus: E. Ringel; Selbstmord, Appell an die anderen

sich immer.

Joachim S.

Wie eine Kirschblüte im Frühjahr von Frost getroffen werden und verblühen kann, so kann ein Mensch vom Frost des Daseins getroffen werden.

Joachim S., geboren im Januar 1974, zeichnete seinen Tod voraus. In einer Bilderserie läßt sich die Beklemmung, die er gespürt haben muß, deutlich erkennen.

Raumschiffe fliegen in die Unendlichkeit, weg von dieser Welt, ins Nichts. Straßenzüge verengen sich, lassen keinen Ausweg. Das schwarze Totenschiff taucht in Zeichnungen auf. Erst klein, später dominierend groß und unerbittlich. Der Sensenmann steht schon auf dem Bug bereit. Für Joachim gibt es jetzt nur noch einen Weg auf dieser Welt.

Seit früher Kindheit interessierte er sich für das Universum. Seine Bilder konnten daher nicht als Ankündigung seines Suizids interpretiert werden. Als ihn seine Schwester fragte, warum er ein schwarzes Schiff male, verharmloste er die Sache.

Das Bild mit dem Galgen fand man erst nach seinem Tod. Er erhängte sich im Alter von 17 Jahren am 24. Januar 1991, kurz nach Ausbruch des Golfkrieges.

Anerkennungen

Durch die Hilfe, die mir von *AGUS* zuteil wurde, habe ich *wieder "leben" gelernt*, denn wirkliche Hilfe kann nur der geben, der vom *gleichen Schicksal* betroffen ist.
Edeltraut W.

Ich halte die Selbsthilfegruppe *AGUS* für eine sehr wertvolle *therapeutische Unterstützung* in der alltäglichen Arbeit mit Betroffenen, die einen Angehörigen durch Suizid verloren haben. Es ist auch zu wünschen, daß die *Selbsthilfegruppe* öffentlich gefördert wird, da sie großen *Segen* und große Hilfe für eine Vielzahl betroffener Menschen, die trauern und sich in großer Not befinden, bietet und dies aus *uneigennützigen Interesse*. Es ist durchaus vorstellbar, daß durch die Arbeit der Selbsthilfegruppe AGUS *affektiven Störungen und psychosomatischen Beschwerden vorgebeugt* wird.
Dr. med. Klaus Gebel, niedergelassener Psychiater und Psychotherapeut

Ich möchte Ihnen danken für die Arbeit bei *AGUS*, durch welche ich die Ursache meiner *Psychose* verarbeiten konnte. Profis konnten mir in meinem Leid nicht *weiterhelfen*.
Barbara Sch.

Ich denke auch noch oft daran, als ich vor fünf Jahren als *gebrochener Mensch* mit Ihnen ins *Gespräch* kam, als ich von anderen Menschen gemieden wurde, als hätte ich ansteckende Krankheiten.
Wilhelm P.

Ihre AGUS-Arbeit ist gut und wichtig. Mit *Umsicht* und mühseliger Kleinarbeit haben Sie das Tabu Suizid durchbrochen. Ihre *Energie* ist *bewundernswert*.
Regina E.-K.

Wir können nur *danke* sagen. Aber der Schmerz ist sehr groß.
Familie Sch.

Betroffene schauen zurück

Dank sei allen,
die mit uns *betroffen* waren,
die uns nicht aus dem Weg gingen,
die *nicht urteilten, nicht beschuldigten*
oder gar zur Buße riefen...

Dank sei allen,
die *zu uns standen,*
die mit uns weinten,
die sich *schützend* hinter uns stellten,
die uns *tröstend* umarmten und uns mit ihren *Gebeten* begleiteten
auf dem bitteren Weg...
eine Familie aus Bayreuth

Sie wollen ein *Tabu in der Gesellschaft aufbrechen*, das noch immer den *selbst herbeigeführten Tod* ächtet. Sie helfen, daß man ihn respektiert und achtet. Das ist ein großes *Verdienst*.
Beate A.

Förderung durch die Fritz-Kaupen-Stiftung Bochum. Überreicht als Vertreter der Ersatzkassen Frau Emmy Meinster-Walker im Sommer 1998 einen Scheck über 6000.- DM.

AGUS dankt allen, die AGUS über Jahre hinweg unterstützt haben und allen, die mitgeholfen haben, die Ausstellung zu realisieren.

AGUS – im

Öffentlichkeitsarbeit der AGUS (Stand Januar 98)

Daß das Thema Suizid immer hochbrisant und aktuell ist, belegt die Tatsache, daß immer wieder Redakteure aller Mediensparten auf AGUS zukommen und um Informationen und Interviews bitten.

Schreinemakers Live unter Agus-Mitwirkung

Ilona Christen nach der Sendung mit AGUS-Mitgliedern

AGUS ist bundesweit in den Medien präsent. Dieser guten Öffentlichkeitsarbeit verdankt AGUS auch den großen Zuspruch der Suizid-Betroffenen, die sich oft kurz nachdem Artikel erschienen oder Sendungen ausgestrahlt wurden, trauten, sich bei Emmy Meixner-Wülker in Bayreuth zu melden.

Spiegel der

Fernsehsendungen unter Mitwirkung von AGUS-Betroffenen

1991
Bayern 3 „Abendschau" (Meixner-Wülker zur AGUS-Gründung) - 27.02.

1992
Bayern 3 „Nachtclub" - 10.04.
Bayern 3 „Zeitspiegel" - 10.05.
RTL „Bayern aktuell" - 24.11.

1993
SAT I „Schreinemakers live" - 03.02.
RTL „Hans Meiser": „Selbstmord und die andern" - 03.05.
RTL „Hans Meiser": „Depression - Krankheit der Seele" - 07.10.
VOX: „Mein Kind ist tot" - 30.11.

1994
3-Sat: „Tagebuch" - Sendung über die AGUS-Gruppe BT - 06.11.
3-Sat: „Warum, so fragt man sich immer" Diskussionsrunde - 16.11.

1995
SAT I - Schreinemakers live: „Kindersuizid" - 23.02.
RTL - Ilona Christen: „Mein Partner hat sich umgebracht" - 19.06.
ARD - Fliege: „Wenn Kinder aus dem Leben gehen" - 21.11.
ARD - Fliege: „Wenn es Nacht wird in der Seele - Depressionen" - 27.11.

1996
SAT I - Vera am Mittag: „Selbstmord - mit der Schande leben" - 21.05.
Pro 7 - Focus-TV: „Kindersuizid" - 13.05.
ARD - Fliege: „Junge Witwen" - 03.07.
ARD - Juliane & Andrea: „Wenn Kinder sterben" - 20.08.
SAT I - Schreinemakers live: „Mit der Trauer leben" - 05.09.

1997
SAT I - Frühstücksfernsehen: „Experten" - 24.03.
TVM - „Blaulicht" - 09.05.
DW - Deutsche Welle: „Suizid bei Jugendlichen" - 22.11.

1998
ARD - Fliege: „Ich habe einen Menschen auf dem Gewissen" - 26.01.
ORB - Abendjouranl "Angehörige um Suizid" - 23.04.
MDR - Thüringen privat: "Selbstmord – Hilfe für Hinterbliebene - 08.07.
RTL - Explosiv-Weekend - 08.08.

MDR
ORB
RTL
RTL
SAT 1
VOX
ARD
3-Sat
Pro 7
TV München
Deutsche Welle

Medien

Rundfunksendungen und Interviews

1991
Radio Mainwelle - 29.03.1991
Bayern II Wort Regionalfunk Nürnberg - 04.04.1991
Hessischer Rundfunk I „Alterssuizid" (Betroffene Winkler) - 18.11.1991

1992
Südfunk Stuttgart „Südfunk aktuell" - 12.02.1992
Bayern I „Bayernmagazin" - 12.02.1992
Rias II „Magazine" - 13.02.1992
Rias I „Radio mobil" - 24.02.1992
Radio Aref (Freikirche) „Lichtblicke" - 01.11.1992
Antenne Bayern - Evangelische Funkagentur - November 1992
Antenne Bayern - Katholische Radioredaktion - November 1992
Bayern II Wort „Kirche und Welt" - 03.12.1992
Antenne Franken (Bamberg) - 23.12.1992

1993
Hessen I: Hinweis auf Ausstellung und Vortrag in Frankfurt, Interview mit Ulrike Holler - 04.05.1993
Bayern II Wort - (Gründerin und mehrere Betroffene kommen zu Wort) 1 Stunde - 21.11.1993

1994
DLF (Deutschlandfunk): „Von Tag zu Tag" über AGUS - 05.1.1994
Bayern II Wort: „Bedenkzeit" - 13.04.1994

1995
Bayern II - Familienfunk-Notizbuch: „Angehörige nach Suizid" - 07.02.1995
Radio KW-Duisburg-Moers: „Tabuthema Suizid" - Interview zur Gründung der Regionalgruppe Duisburg
Bayern II Wort: Hörbild 1 Stunde „Flucht in den Tod" - 22.10.1995

Vorträge und Ausstellungen

1991
IASP-Congreß-Hamburg : Posterdemonstration in Englisch - Sep.

1992
Bayreuth Ausstellung und Tagung im staatlichen Gesundheitsamt - Feb.
Ausstellung und Tagung in der Stadtbücherei Amberg - Okt.
Ausstellung und Tagung im Gesundheitsamt Frankfurt/Main - Okt.

1995
Kath. Bildungswerk: "Suizid, wie Angehörige damit umgehen" - Apr.
AOK-Selbsthilfegruppentag mit Ausstellung - Okt.

AGUS - im Spiegel der Medien

Eine Auswahl der Presseberichte, die AGUS bekannt sind:

1989
Nordbayr. Kurier: „Ständig neue Gruppen" - Erste Vorstellung der AGUS-Idee - Bericht über SH-Gruppen - Feb.

1991
Nordbayr. Kurier: „Selbsttötung ist immer noch ein Tabu" - Januar
Süddeutsche Zeitung: „Hilfe für Angehörige nach einer Selbsttötung" - Januar
Sonntagsblatt: „Trauerhilfe nach einer Selbsttötung" - Januar
Nordbayr. Nachrichten: „Trauerarbeit: Freitod - und was dann" - Feb.
Heinrichsblatt: „Warum den Schuldkomplex noch vertiefen?" von Marion Krüger - März
Nordbayr. Kurier: „Schuldgefühle, Selbstzweifel und Alpträume" - Jul.
Frau im Spiegel: „Ein Rettungsanker in tiefem Schmerz" - Nov.

1992
Barmer (Zeitschrift für Mitglieder der Barmer Ersatzkasse): „Trauerhilfe bei Suizid" - Januar
Nürnberger Nachrichten: „Mit Trauerarbeit ein großes Tabu brechen" - Januar

Stuttgarter Nachrichten: „Mit aktiver Trauerarbeit ein Tabu brechen" - Januar
Südwestpresse Ulm: „Mit einer Lüge wollte sie nicht länger leben" - Januar
Passauer Neue Presse: „Selbstmord: Die Notsignale werden oft überhört" - Januar
Heilbronner Stimme: „Hilfe für Suizid-Hinterbliebene" - Januar
Weser Kurier, Bremen: „Selbstmord ist für viele noch immer ein Tabuthema" - Januar
Der Dom (Kirchenzeitung f. d. Erzbistum Paderborn): „Angehörigengruppe um Selbstmord" - März
Badisches Tagblatt: „Freitod eines Angehörigen: Trauerarbeit soll Tabu brechen" - März
Apothekenzeitschrift „Gesund und fit": „Trauerhilfe bei Suizid" - Juni
Cosmopolitan: „Wenn Kinder den Tod suchen" - Oktober
Deutsches Allgemeines Sonntagsblatt: „Der Tod und der Junge" - Nov.

1993
AOK-Magazin Bayreuth-Kulmbach „Bleib gesund" „AGUS - Angehörigengruppe um Suizid" - Jan.

Hofer Anzeiger: „'Bayreuther Liste' für Hinterbliebene" - Januar
Amberger Zeitung: „Allein ist die Trauer nicht zu bewältigen" - Jan.
Main-Post: „Stütze gegen Berührungsangst, Verdacht und Schuldzuweisung" - Januar
Süddeutsche Zeitung: „Die Trauer eint Angehörige" - Januar
Bayreuther Gemeindeblatt - Evangelisches Monatsmagazin: „Lebenslauf abrupt abgebrochen" - Juli
Nordbayr. Kurier: „Kein Mitleidsvorschuß" - Nov.
Süddeutsche Zeitung: „Wege aus tiefer Trauer und Isolation" - Nov.
Cuxhavener Nachrichten: „Mein Mann hat sich umgebracht" - Dez.

1994
Wiesbadener Kurier: „Zur Trauer kommt auch die Wut" - Januar
Weserkurier: „Wenn die Trauer nicht bewältigt wird" - März

1995
Westdeutsche Allgemeine Zeitung: „Selbsthilfegruppe probt mit Angehörigen die Trauerarbeit" - April
Nordbayr. Kurier: „Offen damit umgehen ist am beste" - Sep.
Die Woche: „Bis daß der Tod uns eint" - Sep.
Heilbronner Stimme: „Suizid-letzter Weg aus der Krise?" - Okt.

1996
Nordbayr. Kurier: „Hilfe bei Gesprächen im Grenzbereich" - Okt., Matthias Wiegmann
TZ: „Niemand hat Schuld daran" - Nov., Karl Krause

1997
Fränkischer Tag: „Heraus aus der dumpfen Trauer" - Aug.
Rothenburger Sonntagsblatt: „Kirchliches Versagen bei Suizidenten" - Aug., Bernd Mayer
Nordbayr. Kurier: „Behandlung keine Schande"/„Ein Verein auf Erfolgskurs" - Okt, M. Otzelberger

1998
Berliner Tagesspiegel: „Der Tod ohne Abschied" - März
Nordbayr. Kurier: „Die Sachbearbeiter des Todes" - Juni, M. Otzelberger

12. Anhang

Gemalte Motive von Emmy Meixner-Wülker
„Facetten eines großen Schmerzes" von Eva Bartylla

Mit dem Wissen, dass der Schmerz nicht beendet, sondern integriert werden will, der mentalen Distanz zur eigenen verwundeten Seele und den Tränen des Mitgefühls für alle, die den Weg noch vor sich haben, lauscht sie mit klaren, kraftvollen Farben den Erfahrungen und Empfindungen hinterher, die "vom Leid zum Sinn" führen. So hat Emmy Meixner-Wülker ihre Bilderfolge betitelt.

Im Sinne der naiven Malweise bildet sie, die aus eigener Betroffenheit heraus AGUS gegründet hat, gleichnishaft Fixpunkte ab, wie sie vermutlich so oder ähnlich jeder erlebt, den ein Angehöriger durch Selbsttötung für immer verlassen hat. In der naiven Kunst werden Bildvorstellung und Wirklichkeit eins. Auch Meixner-Wülker schafft in ihren Gemälden eine Darstellung der individuellen Art des Erlebens durch Projektion einer Unbewusstheit, die zwischen Abbild und Realität noch nicht oder nicht mehr unterscheidet. Das Ergebnis ist das gleiche: Sie dekuvrieren behutsam und dennoch unverblümt Facetten eines unvorstellbaren Schmerzes. Mit ihm leben zu lernen, ihn nicht zu bekämpfen, niederzuhalten oder zu betäuben, sondern hineinzunehmen ins eigene Leben und schließlich umzumünzen in eine für sich und andere heilsame Aktivität, das beschreibt die Bilderfolge. Auf den kleinen Tafeln daneben versucht Meixner-Wülker das Ringen mit dem Leid und seine Sublimierung in Worte zu kleiden, gefühlvolle Texte, die die Bilder ergänzen, nicht beschreiben.

Das erste Bild nennt sie "Suizid - ein Blitzschlag". Mitten ins Herz getroffen sinkt es hinunter auf den schwarzen Grund der Seele. Die Schuldzuweisungen, als Schlange dargestellt, verschlimmern die eigenen Vorwürfe bis hin zum Rückzug, zum Verstummen angesichts eines Tabus, über das man nicht spricht, das als Sünde und Menetekel auf die Zurückgebliebenen abfärbt. Die Blumen, die sich zaghaft aus dumpfer Trauer zu erheben versuchen, werden von Pfeilen getroffen, geknickt, gebrochen. Am Schluss entfacht die Malerin eine Flamme, die mit Wärme und Kraft hineinlodert in eine gleichgültige Welt, um wunde Herzen aus der Starre zu lösen - das ist die Verwirklichung der AGUS-Idee, beendet sie ihre Darstellungsserie. Sie hat das Malen dieser Metaphern des Schmerzes als Akt der eigenen Befreiung entdeckt und erlebt, und andere finden sich darin wieder.

Suizid - ein Blitzschlag

Er verwundet das Herz meist nicht aus heiterem Himmel,
sondern in düsterer Vorahnung. Das Donnergrollen,
untrügliches Signal für ein herannahendes Unwetter,
blieb unbeachtet und wurde oft nicht ernst genommen.
Fast in jedem Fall wird Suizid unerwartet wie ein Blitz
wahrgenommen, der erschreckt, schockiert und
das Herz zu zerreißen droht.

Warten auf Heilung

Die verwundete Seele
sinkt auf den Meeresgrund,
möchte nicht auftauchen.
Sie grübelt nach über Vertrauensbruch
und die Frage:
"Warum hat mein Angehöriger mir das angetan?" -
"Warum war ich nicht zur Stelle,
als er Hand an sich legte?"
Der Zurückbleibende fühlt sich
allein gelassen
und ist verzweifelt.

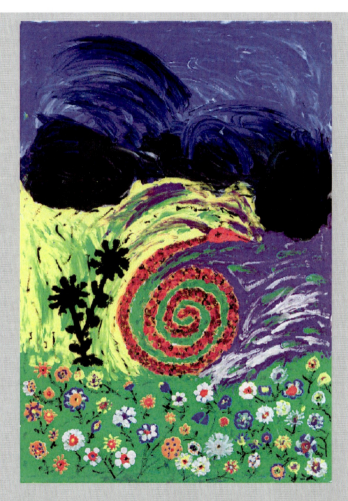

Die Schuldzuweisung

Zur dumpfen Trauer mit eigener Schuldbezichtigung gesellt sich die Schlange der Schuldzuweisung. Farbig und schillernd ringelt sie sich angepaßt an die Blumenwiese, die heile Welt. wo Spaß, Fröhlichkeit und Feiern allein gefragt sind. Sie ersinnt Argumente, dass am Suizid nur der nochlebende Angehörige schuld sein muß. So wird die mit Schuld beladene Blume der Trauer gezüchtet.

Das Tabu

„Suizid ist Sünde!" - „Darüber spricht man nicht!" -
„Was nicht sein darf, kann nicht sein,
denn Suizid ist nicht Gottes Wille."
„Laßt uns den Selbstmord in einen Unglücksfall verwandeln!"

Solche Aussagen tabuisieren das wahre Geschehen,
werden dem Toten nicht gerecht.
Angehörige sind vergleichbar den Blumen des Leids,
die sich langsam aus der Schale der dumpfen Trauer erheben.
Doch immer wieder werden sie von den
Pfeilen des Tabus und des Stigmas getroffen.
Bedrückt und geknickt
kümmern sie dahin und verwelken.

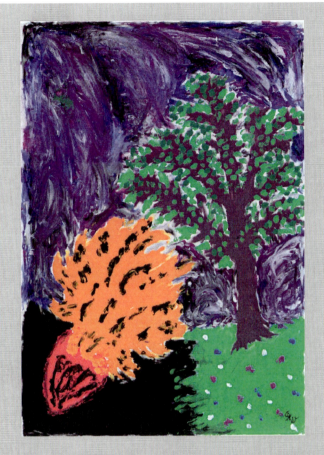

Feuer aus Trauer

Das schuldbeladene trauernde Herz sucht Befreiung, indem es ein erlösendes Feuer entfacht. Die Flamme verkündet Leben, möchte die gleichförmige selbstgefällige und uninteressierte Umgebung aufrütteln.
Der Lebensbaum spendet Kraft, dass Wärme und Leuchtkraft des Feuers andere wunde Herzen im Dunkel erreichen und aus Kälte und Starre erlösen.

**Dies ist die Verwirklichung der AGUS-Idee:
"Wie aus Leid Sinn entsteht."**

Ausblick 2007:
Was hat sich erfüllt?

1. Es haben sich in über 45 Städten Deutschlands AGUS-Gruppem gebildet. Das Netz ist immer dichter geworden. Die Anfahrtswege für die Betroffenen werden dadurch immer kürzer.
2. Das Angebot, kostenlos eine Gruppe zu besuchen und sich mit anderen Betroffenen auszutauschen, wurde dankbar angenommen.
3. Die Gruppenleiter/innen, die selbst betroffen sind, arbeiten ohne ein Honorar, aus tiefem Mitgefühl für die Mitbetroffenen.
4. Die Teilnehmer einer Gruppe dürfen frei entscheiden, wie lange sie die Teilnahme beanspruchen möchten. Manche setzen aus, um dann später wieder zu kommen.
5. Die Freiwilligkeit und die Unabhängigkeit von Zahlungen gibt Wohlhabenden und Bedürftigen die gleichen Chancen und lässt sie sogar zusammenwachsen.
6. Die AGUS-Gruppe lässt es dem Einzelnen offen, ob er noch Hilfe bei einem Therapeuten sucht. Oft löst sich in der AGUS-Gruppe die schwerwiegende Trauersituation mit den psychologischen und somatischen Begleiterscheinungen allein durch den Austausch mit anderen Betroffenen.
7. Mein Wunsch, dass Betroffene im AGUS-Büro mitarbeiten, hat sich im April 2007 erfüllt. Elfie Loser, geb. Meier hat sich 1991 nach dem Suizid ihres damaligen Lebensgefährten bei mir gemeldet und war mir dann eine wertvolle Hilfe in meinem privaten AGUS-Büro. Durch ihre kaufmännische Ausbildung brachte sie wichtige Voraussetzungen mit, um Daten aufzunehmen, zu speichern und das spätere AGUS-Programm zu bedienen. Nebenbei bekam sie meine Methode mit, wie ich die Anrufe der Trauernden aufgenommen und sie beraten habe. Außerdem hat sie nach meinem Rücktritt bis heute die Bayreuther AGUS-Gruppe mit Frau Dittmar und Frau Schinner weitergeführt. Im Vorstand ist sie seit 12 Jahren als Schriftführerin tätig. Außerdem hat sie zwischenzeitlich eine seelsorgerliche Ausbildung absolviert. Frau Loser ist also hervorragend qualifiziert für die Arbeit im AGUS-Büro. Ihre eigene Betroffenheit ist für die Beratung am Telefon und für die Aufnahme von Neubetroffenen eine Voraussetzung, die mir immer besonders wichtig schien. Übrigens hat sie durch ihre Arbeit am Computer den Softwareentwickler Uwe Loser

Elfie und Uwe Loser

kennengelernt und später geheiratet. Er ist inzwischen eine unersetzbare Stütze für die Internetarbeit von AGUS geworden, z.B. erstellen einer eigenen Homepage, und hilft uns ehrenamtlich bei allen technischen Problemen im Büro.
8. Die neu gegründete AGUS-Stiftung war ein langgelegter Wunsch von mir. Ich bin Dr. Klaus Bayerlein sehr dankbar für seine hervorragende Initiative.

Was bleibt offen?

1. Auch nach der Vereinsgründung wurde die segensreiche AGUS-Initiative nicht von öffentlicher Hand gefördert und finanziell nur geringfügig unterstützt. Alle bezahlten Mitarbeiterinnen müssen durch Eigenmittel finanziert werden. Dabei decken die Mitgliedsbeiträge und Spenden den Haushalt nicht voll. Wir sind weiterhin auf zahlreiche Spenden angewiesen. Damit unsere Stiftung Früchte trägt, benötigen wir noch zahlreiche Zustiftungen. Als grosses Ziel wünsche ich mir, dass AGUS sich eines Tages selbst mit eigenen Mitteln finanzieren kann und damit eine gesicherte Zukunft hat. Nicht aufgeben möchte ich die Hoffnung einer stärkeren öffentlichen Förderung. Schließlich sind durch den Aufbau von AGUS auch neue Arbeitsplätze entstanden.
2. Durch ausschließlich ehrenamtliches Engagement, wie in der Gründerzeit, ist die heutige AGUS-Arbeit nicht mehr zu bewerkstelligen. Selbst eine vollzeitliche Bürokraft reicht nicht mehr aus, um die vielschichtigen Aufgaben auszuführen. Dabei blieb AGUS immer ein caritativer Verein und arbeitete nicht gewinnbringend.
3. AGUS als Selbsthilfekonzept ist wegweisend, weil es hilft, Kosten zu sparen. Das Programm will Betroffenen durch Gespräche helfen und nicht durch Medikamente. Außerdem werden Ärzte zeitlich entlastet und teuere Therapien sind meist nicht mehr notwendig.
4. Wichtig für das AGUS-Anliegen bleiben vielfältige Förderer, Sponsoren und Ideengeber. Die Unterstützung von Krebsforschung ist bei einer Trauer eines Krebstoten keine Seltenheit mehr. Warum ist das bei einer Suizidtrauer nicht übertragbar? Mit Erfolg wurden bereits solche Aktionen durch die AGUS-Gründerin und von AGUS-MItgliedern durchgeführt, allerdings nicht bei Trauer nach Suizid.
5. Nach wie vor muss ich konstatieren, dass das Tabu Suizid noch lange nicht überwunden ist. Zwar lässt sich über das Thema Selbsttötung leichter reden. Doch wenn eine persönliche Betroffenheit plötzlich entsteht, bleibt die bekannte Hilflosigkeit und das Versteckspiel. Hier stehen noch viele Aufgaben an und gefragt ist eine helfende Unterstützung durch die Öffentlichkeit und auch von den Kirchen.

Gedenkgottesdienst, Jubiläum 15 Jahre AGUS
Gedenkfeier für Suizidverstorbene, Friedenskirche Bayreuth 2005

Ablauf: Orgelvorspiel
    Begrüßung
Lied: 391, 1-4 *Jesu geh voran*
    Eingangsgebet (Dr. Bayerlein)
Orgelspiel kurz
    2 Lesungen (AGUS-Vorstand)
Orgelspiel kurz
    2 Lesungen (AGUS-Vorstand)
Orgelspiel kurz
    Glaubensbekenntnis
Lied: 596,1-2 *Harre meine Seele*
    Predigt
Lied 594, 1-3 *Der Herr mein Hirte führet mich*
Hinführung Gedenken für Suizidverstorbene
    Gedanken (Meixner-Wülker)
Orgelspiel, dabei entzünden Angehörige Kerzen
    Gebet
    Segen
Lied 637, 1-3 *Von guten Mächten wunderbar geborgen*
Orgelnachspiel

Predigt über das „Kind Trauer"
von Pfr. Gottfried Lindner

Lesung aus dem Buch der Prediger Kapitel 7, 1-4 *„Von der wahren Weisheit":* Es ist besser, in ein Haus zu gehen, wo man trauert, als in ein Haus, wo man feiert; denn da zeigt sich das Ende aller Menschen, und der Lebende nehme es zu Herzen! Trauern ist besser als Lachen; denn durch Trauern wird das Herz gebessert. Das Herz der Weisen ist dort, wo man trauert, aber das Herz der Narren dort, wo man sich freut.

Hinführung
Trauer verbindet uns heute miteinander. Durch Trauer wird unser Leben in die Dunkelheit geführt. Durch Trauer verlieren wir an Lebenskraft. Ja, Trauer ist wie eine schwere Krankheit. Wir wünschen sie niemandem und bedauern alle, die sie erfahren müssen. Und doch ist die Trauer nicht einfach sinnlos. Offensichtlich hat sie der Schöpfer genauso in unser Leben gelegt, wie die Freude. In der Bibel im Buch des Predigers wird sogar verdeutlicht: Trauer ist sehr wertvoll für dein Leben, ja sie kann wertvoller werden als das Schöne und Leichte.

1. Trauer wie ein Kind

Ich möchte nun die Trauer mit etwas sehr Lebendigem vergleichen, was Ihnen vielleicht fremd erscheint. Nämlich mit einem Kind.

Wenn ein Angehöriger stirbt, dann wird in unserem Leben die Trauer geboren. Ja, die Trauer ist wie eine Geburt, eine schwere Geburt. Plötzlich ist sie da und alles ist anders als vorher. Sie ist eine unfreiwillige Geburt. Sie ist da, sie macht unser Leben schwer. Ja, sie macht uns schwach und krank. Wir wollen sie nicht und doch gehört sie plötzlich zu uns und begleitet uns. Ja, die Trauer ist wie die Geburt von etwas, das wir nicht kennen.

Doch sie ist auch die Brücke zu dem Menschen, den wir hergeben mussten. Immer wenn wir an das Verlorene denken, dann begleitet uns die Trauer. Sie steht zwischen uns. Sie steht zwischen dem Jetzt und dem Vergangenen. Die Trauer ist die Brücke zur Vergangenheit. Am Anfang können wir mit der Trauer nur schwer umgehen. Wir fühlen uns wie eine Frau, die mit Kindern völlig unerfahren ist. Wir sind total überfordert und völlig hilflos. Wir wissen nicht, was wir sagen sollen oder was wir tun sollen. Es ist als müssten wir das Leben an der Seite der Trauer neu lernen.

Doch unser Trauer-Kind lernt bald zu laufen und zu sprechen. So finden auch wir unsere ureigenen Trauerwege und lernen sie zu gehen. So finden auch wir Worte, unsere Trauer zu artikulieren. Ja, Schritt für Schritt finden wir uns in dieser neuen Wirklichkeit zurecht.Für viele Eltern wird das Erlebnis der Geburt auch zur neuen Begegnung mit Gott. Nicht wenige sehen Gott mit neuen Augen und es fällt ihnen auch leichter zu beten und zu danken. Diese Erfahrung machen wir auch mit der Trauer. Die Trauer kann das Gespräch mit Gott intensivieren. Durch die Trauer finden wir auch neue und vielleicht andere Wege zu Gott. Sie verändert unser Gottesbild und nicht selten wird es vertieft und bestärkt.

Die Trauer hat uns eine neue Welt geöffnet, die uns vorher verborgen war. Sie hat uns geholfen, über Dinge zu sprechen, für die wir keine Worte kannten. Wir sind Wegen gefolgt, die uns fremd waren. Die Trauer hat uns neue Horizonte geöffnet.

Irgendwann ist uns die Trauer nicht mehr fremd. Sie ist ein Teil von uns. Wir hätten sie nie freiwillig gesucht, doch nun ist sie uns vertraut. Wir spüren, dass sie zu uns gehört. Sie ist ein Teil von uns geworden. Wir haben sie mitgeprägt. Sie ist unser Kind.

Kinder werden irgendwann oft viel zu schnell mündig und finden eigene Wege. So ist das auch mit unserem Trauer-Kind. Es macht uns deutlich, dass wir nun immer mehr ohne sie, die Trauer, leben müssen. Sie zieht aus und besucht uns nur noch gelegentlich. So lange wir leben wird sie zwar unser Kind bleiben und doch hilft uns diese Distanz zum neuen Leben.

Die Trauer ist wie ein Kind. Dunkel, schwer, unerwartet und doch voller neuem Leben und voller Herausforderung und Veränderung. Fremd und unerwünscht und doch weitet sie unseren Horizont. Sie nimmt uns alle Kraft und führt uns an harte Grenzen. Doch durch sie finden wir vielleicht auch neue Wege zum Glauben und lernen anders, aber engagierter zu beten. Nun noch einige Gedanken zur unnatürlichen Entwicklung der Trauer.

2. Verkehrte Trauer
Unsere Beziehung zur Trauer kann gelingen, aber auch misslingen. So wie sich eben die Beziehung zu unseren Kindern auch sehr schwierig gestalten kann. Das kann schon damit beginnen, dass wir die Trauer nicht wahrhaben wollen und einfach verdrängen. Wir stellen uns der Trauer nicht. Die Trauer wird dann nicht unser Kind, sondern bleibt ein Fremdkörper. Wir gehen mit ihr um wie mit einem behinderten Kind. Diese Gefahr besteht vor allem bei Suizidbetroffenen.

Die Trauer kann sich dann nicht natürlich entfalten. Sie wird zu einer verkappten oder tragischen Trauer mit möglichen seelischen und auch körperlichen Folgen. Doch es gibt auch das andere Extrem. Die Trauer wird nicht nur als Kind angenommen, sondern entwickelt sich zum Lieblingskind. Diese Trauer wird dann lebensbestimmend. Alles dreht sich nur noch um sie. Wir werden eins mit der Trauer und sie prägt fortan unser Leben. Menschen, die so mit ihrer Trauer verschmelzen, werden eine Zumutung für ihre Mitmenschen.

Die Trauer will sich entwickeln und sie will nicht festgehalten werden. Die Trauer will uns Schritt für Schritt dem Leben zurückgeben.

3. Trauer, eine Gabe Gottes
Die Eltern-Kind-Beziehung gelingt wohl dann am Besten, wenn Kinder als Gabe Gottes gesehen werden. Sie sind kein Dauerbesitz, sondern den Eltern für eine bestimmte Zeit anvertraut. Sie ist ein Geschenk auf Zeit. Auch die Trauer dürfen wir als Gabe Gottes verstehen. Zwar eine schwere Gabe Gottes, die uns an unsere Grenzen führt. Zwar eine Gabe

Gottes, die wir kaum verstehen und einordnen können. Doch wer sie aus Gottes Hand annehmen kann, wird erleben, dass sie sich in mein Leben als wertvolle Erfahrung einordnet. Das Leben erfährt eine neue Tiefe und Weite. Neue und vielleicht wichtige Glaubenserfahrungen werden möglich. Ja, auch Trauer ist eine Gabe Gottes.

Es stimmt, was der Prediger in der Bibel verdeutlicht hat: Es ist besser, in ein Haus zu gehen, wo man trauert, als in ein Haus, wo man feiert; denn da zeigt sich das Ende aller Menschen, und der Lebende nehme es zu Herzen! Trauern ist besser als Lachen; denn durch Trauern wird das Herz gebessert. Trauer ist nicht nur einfach dumpf und trostlos. Trauer kann einen tiefen Sinn finden. Sie gehört zu den vielen Gaben Gottes. Sie kann uns ganz neu die Türe zu Gott öffnen. Trauer ist anfänglich ein Mitsterben, dann aber kann sie uns in eine neue und veränderte Welt führen, die wir nicht mehr missen möchten. Amen.

Gedanken der AGUS-Gründerin

"Das Gedenken von Verstorbenen durch Suizid ist besonders schwer und belastend. Jedes Schicksal ist mit seiner eigenen Tragik verbunden, kaum eines gleicht dem anderen. Die Trauer nach einem Suizid wurde oft erschwert durch Schuldzuweisungen, Schandeaspekt und verkehrte Beurteilungen. Trauer nach einem Suizid ist oft doppelte, ja mehrfache Trauer. Manchmal dauert sie viele Jahre, ja viele Jahrzehnte, oft ein ganzes Leben. Trauer nach Suizid ist verbunden mit allerschwerstem Leid.

Wenn wir unserer Toten gedenken, sind da unendlich viele Namen. Stellvertretend für die vielen möchte ich nur zwei Namen nennen, die für die Gründung von AGUS entscheidend waren: Ich gedenke meines Ehemannes und Vaters meiner beiden Kinder, **Dr. Reinhart Wülker**. Er ist 1963 durch Suizid verstorben. Ohne seinen Tod gäbe es AGUS nicht. Zwanzig Jahre vorher hat mich das Schicksal von **Johanna Bäck** aus meiner Heimatstadt Eppstein bewegt. Sie erhängte sich im Jahre 1942, weil sie die Zwangsscheidung von ihrem jüdischen Ehemann nicht verkraftet hat. Sie wurde zum Meilenstein in der AGUS-Gründerphase.

Weiter denke ich an alle politischen Suizide in der NS-Zeit, an die Verzweifelten in Unterdrückung und Verfolgung, die sich dem Unrechtsregime nicht lebend ausliefern wollten, auch an jene, die sich am Kriegsende aus Angst vor den herannahenden Truppen das Leben nahmen, an die unzähligen Menschen, die sich in den Gefängnissen und Konzentrationslagern der Nazidiktatur von Folter und Qualen befreien wollten und sich umbrachten. Sie wurden oft tot im elektrischen Zaun gefunden, der das KZ umgab. Nicht zu vergesen sind die Suizidopfer unter den Soldaten im Krieg, die zum Krüppel geschossen so nicht mehr weiterleben wollten. Schließlich erinnere ich an deutsche Selbstopferangriffe, befohlen von hohen Militärs, die deutschen Kamikazeflieger, Freiwillige gezwungen zur Selbsttötung.

Leider begegnen uns diese Schicksale heute noch in verblendeten, ideologisch irregeleiteten jungen Menschen, den Selbstmordattentätern. Auch an die denke ich bei dieser Gedenkfeier, zumal ihren Angehörigen aus falsch verstandenem Martyrium und Heroismus die Trauer unmöglich ist. Zum Schluss möchte ich noch einen Suizidfall aus meiner Betroffenenarbeit herausstellen. Eine Betroffene aus Köln trauerte um ihren Vater, einen Rotkreuzhelfer, der sich 1943 im Heimaturlaub erhängte, nachdem er einen Transport in ein KZ begleitet hatte. Er kam verstört zurück und sagte nur bedächtig 'Ich habe bei der Fahne geschworen, dass ich schweigen werde. Was ich gesehen habe, war grausam!' Die damals Zwölfjährige konnte den Suizid des Vaters Jahrzehnte nicht innerlich ablegen. Der Suizid dieses Vaters steht für alle, die sich aus Gewissensnot im menschenverachtenden NS-Regime das Leben nahmen.

Lassen Sie uns Gott um Frieden bitten: Frieden für unser Herz, für das Herz jedes Angehörigen, der um ein Kind, Vater, Mutter, Geschwister, Partner , Freund, für alle, die um einen geliebten durch Suizid verstorbenen Menschen trauern."

Feier der Umbettung
Dr. Reinhart Wülker, 1924 - 1963

Stadtfriedhof Bayreuth 19. März 2003
Traueransprache von Pfarrer Gottfried Lindner

Lesung aus Psalm 139
"Deine Augen sahen mich, als ich noch nicht bereitet war und alle Tage waren in ein Buch geschrieben, die noch werden sollten, von denen noch keiner da war." Wir dürfen glauben, dass Gott unser Leben schon in seinen Händen hält, noch bevor wir geboren werden.

Er umgibt uns bereits, wenn noch niemand von uns weiß. Der Tod trennt uns nicht von Gott. Er umgibt uns auch in unserem Sterben. Im selben Psalm hören wir weiter: "Wohin soll ich gehen vor deinem Geist? Führe ich in den Himmel, so bist du da, bettete ich mich bei den Toten, siehe, so bist du auch da. Nähme ich Flügel der Morgenröte und bliebe am äußersten Meer, so würde auch dort deine Hand mich führen und deine Rechte mich halten."

Andacht
Dr. Reinhart Wülker ist am 2. Januar 1924 geboren und am 6. Februar 1963 mit 39 Jahren gestorben. An seinem Beerdigungstag in Treuchtlingen war es Winter. Es lag Schnee. So eisig wie das Wetter, so waren Ihre Gefühle damals, liebe Frau Meixner-Wülker. Etwas Unausdenkbares war geschehen und hat Sie erstarren lassen. Sie verstanden Gott und die Welt nicht mehr. Die Zeit blieb für Sie stehen. Die Beerdigung erlebten Sie wie in Trance. Durch den Suizid Ihres Mannes wurden Sie nicht nur Witwe, sondern auch Angeklagte, Beschuldigte und Verurteilte.

Gebrandmarkt blieben Sie zurück und vor allem voller Hilflosigkeit. Der Pfarrer, der Ihnen damals vielleicht hätte helfen können, er machte Ihre Hilflosigkeit nur noch schwerer, indem er formulierte: "Wer so etwas tut, den hat der Teufel am Kragen."

40 Jahre sind ins Land gezogen. Diese 40 Jahre kann man vergleichen mit den 40 Jahren Wüstenwanderung des Volkes Israels - der Weg von der Gefangenschaft in Ägypten zum gelobten Land, in dem Milch und Honig fließen. Heute, wenn Dr. Reinhart Wülker in Bayreuth einen neuen Ruheort findet, wird ihm eine andere Ehre zuteil. Sein Verhalten wird heute nicht mehr verurteilt. Neue Erkenntnisse über die Depression haben uns geholfen, ihn zu verstehen. Wir wissen heute, er konnte nicht anders. Ihn trifft keine besondere Schuld. Wir schenken ihm unser tiefes Mitgefühl.

Doch es gibt noch etwas anderes. Heute erscheint dieser Tod nicht mehr so absolut sinnlos. Dieser Tod hat etwas Großes und Helfendes in Bewegung gesetzt. Der scheinbare Fluch ist zum Segen geworden. Heute können Sie sogar den Spruch einer lieben Tante bejahen, der Ihnen damals unverständlich blieb: "Was Gott dir schickt, ist wohl gemeint. Das nimm getrost entgegen! Nicht stets ist schlimm, was schlimm erscheint. Das Schlimmste oft ein Segen."

Liebe Frau Meixner-Wülker, lieber Herr Dr. Wülker, vielleicht lässt es sich so ausdrücken: Wurde er damals mit Unverständnis und im Unfrieden gebettet, so geschieht das heute in Bayreuth im Frieden, im Verstehen und auch in Dankbarkeit - denn ohne ihn gäbe es AGUS nicht. Ohne ihn gäbe es nicht diese beeindruckende Selbsthilfeorganisation, die so vielen Menschen zur Hilfe geworden ist.

Ich denke, wir können ihn heute bewusster in Gottes Hand legen und glauben: Er ruht in der Liebe Gottes, und wenn wir uns in der anderen Wirklichkeit wieder sehen, dann werden wir - wie es Jesus formuliert hat - nichts mehr fragen. Denn Gott wird es uns schenken, dass wir verstehen, was wir hier nicht verstehen können.

Gedanken von Paul Gerhardt

Befiehl du deine Wege und was dein Herze kränkt
der allertreusten Pflege des, der den Himmel lenkt.
Der Wolken, Luft und Winden gibt Wege, Lauf und Bahn,
der wird auch Wege finden, da dein Fuß gehen kann.

Hoff, o du arme Seele, hoff und sei unverzagt!
Gott wird dich aus der Höhle, da dich der Kummer plagt,
mit großen Gnaden rücken; erwarte nur die Zeit,
so wirst du schon erblicken die Sonn der schönsten Freud.

Auf, auf, gib deinem Schmerze und Sorgen gute Nacht,
lass fahren, was das Herze betrübt und traurig macht;
bist du doch nicht Regente, der alles führen soll,
Gott sitzt im Regimente und führet alles wohl.

Worte des Gedenkens am Grab
von Emmy Meixner-Wülker

Lieber Reinhart, mein Ehemann und Vater meiner Kinder!
Nach 40 Jahren Ruhezeit kehrst Du heute aus Mittelfranken hier nach Bayreuth zu mir zurück. Ich betrachte diesen Akt als Rehabilitation der Trauerfeier vor Deiner Beerdigung in Treuchtlingen am 9.2.1963.

Dein Tod hatte damals so viel Unverständnis und
Hilflosigkeit ausgelöst:
- die Krankheit der Depression teils nicht erkannt, teils unbehandelt oder falsch behandelt,
- die Familien zerstritten,
- Deine Wut auf die vermeintlichen Gene, die Dir diese heimtückische Erkrankung eingebracht hätten,
- der Ärztekrieg um die Pfründe in dem neuen Niederlassungsort,
- Dein vergeblicher Kampf, aus eigener Kraft Deine Situation zu meistern, obwohl Du Dich besser hättest fallen lassen sollen,
- die Verzweiflung, die sich schließlich einstellte, als Du Dich in Deiner Berufsehre angegriffen sahst durch unnötige Berichterstattung in der Presse, weil da die Rede vom Aufenthalt in einer "Heilanstalt" war und Du als Stigmatisierter glaubtest, kein Patient hätte mehr zu Dir Vertrauen, Du wolltest als Arzt ja nicht selbst krank sein, ... dies alles brachte Dich nach einem Halbjahr Kampf gegen Dich selbst unter ständiger Überforderung in die für Dich auswegslose Situation, deren Lösung Du nur im Suizid sahst.

Dein Abschiedsbrief ist ein Beweis großer Liebe und Verantwortung für die Kinder und für mich. Ich konnte das nie vergessen. Wenn ich als Alleinerzieherin Schwierigkeiten hatte, habe ich immer an Deinen Abschiedsbrief gedacht. Gelitten habe ich unter dem Vorurteil und der Verachtung von Nichtbetroffenen, die Deine verzweifelte Tat als verwerflich ansahen.

Selbst der Seelsorger, der vor 40 Jahren die Traueransprache hielt, sagte: "Wer so was tut, den hat der Teufel am Kragen!"

Nach 40 Jahren sieht das alles ganz anders aus. Heute herrscht die Offenheit unserem Tabuthema gegenüber, die ich mir damals gewünscht hätte. Die Forschung in der Medizin hat große Fortschritte gemacht, Du würdest heute gerettet. Als Du damals tief verunsichert über Deinen Gesundheitszustand warst, wolltest Du Deinen Kopf der Anatomie zur Verfügung stellen. In der Uniklinik Bonn hattest Du im Bereich HNO zuvor geforscht. Du hattest es nicht schriftlich verfügt und ich war froh, Dich unversehrt im Sarg verabschieden zu können. Für mich war von da an der Drang ausgebrochen, Wissen zu erlangen, zumal Du zu mir gesagt hattest: "Wenn Du wüsstest, wie es in mir aussieht!" Ich erkannte, dass die allseits erlebte Hilflosigkeit den Ursprung im mangelnden Wissen um die Vorgänge zum Suizid, speziell der Depression hat. Warum hat man diesen Toten und ihren Angehörigen mit Schuldzuweisungen so viel Unrecht getan?

Meine Flucht aus der Ohnmacht und der Weg auf einer Gratwanderung führte mich in ein weites Feld quälender Trauer vieler hilfsbedürftiger Menschen in meiner und ähnlicher Situation. Die AGUS entstand und brachte mir und meinem Lebenswerk so viele Ehrungen und Auszeichnungen ein, an denen Du mit Deiner Rückkehr teilhaben sollst. Das ist mein Wunsch, an dem ja auch die vielen Hunderte, die ich betreute, teilhaben sollen. Du warst der erste Anlass.

"Suizid, ein Blitzschlag", nannte ich ein Bild aus meiner Serie "Wie aus Leid Sinn entsteht". Und wie erstaunte ich, dass ein ebensolcher Riss, ein Blitzschlag, auf Deinem 40 Jahre alten Grabstein in Treuchtlingen sichtbar wurde!

Aus der Abgeschiedenheit kommst Du nun in meine Nähe und ich kann Dich besser besuchen. Deine Gebeine aus der Erdbestattung vor 40 Jahren liegen in einem Schrein und werden zu Rudolf ins Grab versenkt, der Deine Tat anfangs auch verurteilte, aber später durch meine Arbeit für AGUS immer mehr an Verständnis gewann und mir beim Aufbau meines Lebenswerks zur Seite stand.

So denke ich auch, dass sich meine beiden Ehemänner vertragen, bis ich dereinst ins Grab dazu komme. Bis dahin rufe ich Euch beiden zu: "Ruhet sanft".

Spruch aus einem Gesangbuch:
„Es kommt nicht darauf an, dass wir dem Leiden entgehen,
sondern dass das Leiden seinen Zweck erreicht."

80. Geburtstag unserer AGUS-Gründerin
von Gottfried Lindner

Emmy Meixner-Wülker, die 1989 AGUS gegründet und aufgebaut hat, konnte am 17. Juni 2007 ihren 80. Geburtstag feiern. Trotz körperlicher Beschwerden feierte sie zusammen mit ihren beiden Kindern, Schwiegerkindern, den sechs Enkeln, dem AGUS-Vorstand und vielen AGUS-Freunden.

Für sie war es ein sehr schöner und gelungener Tag, an den Sie gerne zurückdenkt. Sie schrieb in ihrem Dankesschreiben: *„Noch nicht ganz habe ich die Freude über die große öffentliche und private Ehrung bewältigt und werde lange davon zehren. Danke! Danke! Danke!"* Vor allem ist sie dankbar, dass viele Repräsentanten des öffentlichen Lebens ihr persönlich und schriftlich gratuliert und ihre Arbeit für AGUS gewürdigt haben.

Aus den zahlreichen Grußworten und Schreiben möchte ich nachfolgend zitieren. **Bayerischer Ministerpräsident Dr. Edmund Stoiber:** *„Sie haben mit außerordentlicher Kraft einen schweren persönlichen Schicksalsschlag überwunden. Mit nicht minder bewundernswerter Energie haben Sie die Erfahrungen, die Sie dabei durchmachen mussten, genutzt, um anderen Menschen in ähnlichen Situationen zu helfen. Als Gründerin und langjährige Vorsitzende der Selbsthilfegruppe AGUS e.V. ist es Ihnen gelungen, das Tabu-Thema Suizid in das öffentliche Bewusstsein zu heben. Sie konnten vielen Menschen helfen, den Selbstmord eines engen Angehörigen psychisch zu verarbeiten und praktische Hilfen in ihrer Lebenssituation zu bekommen. Ein außergewöhnliches Maß an menschlichem Einfühlungsvermögen war dazu ebenso erforderlich wie persönliche Opferbereitschaft, Durchsetzungskraft und organisatorisches Geschick. Aber alle Schwierigkeiten, die sich durch Ihre verdienstvolle Tätigkeit ergaben, meisterten Sie mit viel Zuversicht, Selbstvertrauen und Kompetenz."*

Bundestagsabgeordneter Hartmut Koschyk: *„Unsere Gesellschaft lebt von Bürgerinnen und Bürgern, die bereit sind, Verantwortung zu übernehmen und sich so für ihre Mitmenschen und für unser gesamtes Gemeinwesen zu engagieren."*

Landtagsabgeordneter Dr. Christoph Rabenstein: *„Unermüdlich standen Sie ehrenamtlich für die Hinterbliebenen nach einem Suizid mit Rat und Tat zur Seite. Durch Ihr eigenes Schicksal konnten Sie vielen hel-*

fen, bei Ihrer Arbeit ist Ihnen viel Leid begegnet und Sie haben den Schmerz mit den trauernden Angehörigen geteilt. Außerdem haben Sie hervorragende Arbeit für die Jugend geleistet, in dem Sie Ihre eigene Kindheit aufgearbeitet und an die Jugend weitergegeben haben."

Regierungspräsident i.R. Hans Angerer:
„Sie können mit Zufriedenheit und Gelassenheit zurückblicken; denn Sie haben in Ihrem Leben viel bewegt und sich große Verdienste erworben."

Landrat Dr. Klaus-Günter Dietel:
„Ein herzliches Wort des Dankes und der Anerkennung für Ihren von unverzagtem Mut und nimmermüder Weise getragenen Einsatz um die von Ihnen gegründete Initiative. Sie haben damit der „Trauer um Suizid einen Ort gegeben", der in den furchtbaren Widersprüchen des Lebens jene tröstet, die Trost von Nöten haben und begleitet, die, die Stille brauchen."

Oberbürgermeister, Stadt Bayreuth Dr. Michael Hohl:
„Sie haben ein weit ausstrahlendes Lebenswerk der Nächstenliebe und des sozialen Miteinanders geschaffen."

Bürgermeister und Journalist Bernd Mayer:
„Mit bewundernswerter Energie haben sie das fast Unmögliche geschafft und ein Tabu durchbrochen.
Es müsste viele Meixner-Wülker in unserer Gesellschaft geben, dann wäre es um unser Land besser bestellt.

Bild oben: Emmy Meixner Wülker mit dem Bayreuther Dekan Hans Peetz.
Bild unten von links:
Bürgermeister Bernd Mayer, Dr. Gerhard Wülker und Emmy Meixner- Wülker